3 文と文とのつながりを捉える

❶ 接続語を手掛かりに、一文一文の論理的なつながりを把握する。

主な接続語の働きを理解しよう。

1 **話題の転換**　さて・ところで・次に・いったい・ときに
2 **逆接**　しかし・だが・とはいえ・ところが・けれど
3 **順接**　そして・そこで・だから・したがって・その結果・すると
4 **並列・添加**　そして・それから・そのうえ・また・なお・しかも・さらに・および・そればかりでなく
5 **対比・選択**　むしろ・かえって・もしくは・というよりは・その反面・どちらかといえば
6 **理由・補足**　なぜなら・というのは・もっとも
7 **言い換え・要約**　つまり・すなわち・要するに・結局

中には複数の働きを持つものもある。接続語が用いられていない場合は、前後の関係や文脈から判断して、接続語を補いながら、文のつながりを捉えよう。

指示語を手掛かりに文脈をつかむ。

な指示語は次のとおり。

これ・それ・あれ　ここ・そこ・あそこ　この・その・あの
こう・そう・ああ　こんな・そんな・あんな　前者・後者

示語のさし示す内容は、語句・文・文章・段落とさまざまなの
常に指示内容の範囲がどこまでかを考える。指示内容は指示語にある場合が多いが、あとにある場合もあるので注意する。指容を答える場合は、その終わり方を考え、指示語の位置に指示内容を入れてみて、文意が正しく通るかを確かめよう。

4 段落相互の関係を読み取る

改行から次の改行までの文の集まり（一文の場合もある）を**形式段落**、形式段落を内容面で集めたまとまりを**意味段落（大段落）**という。段落には、問題提起・展開（具体例・考察・説明）・結論・補足などの役割がある。意味段落にまとめる際には、以下に注意しよう。

❶ 一つ一つの形式段落の意味内容を確認する。

❷ 接続語に注意して、形式段落相互のつながりを考え、論の展開を確認する。段落相互のつながりを読み取って、内容の変わり目を意味段落の切れ目と考える。

意味段落相互の関係を捉えて、文章全体の構成を把握することも大切だ。**三段型（序論→本論→結論）**と**四段型（起→承→転→結）**が多いが、次のパターンもある。（■＝結論の段落　□＝展開の段落）

① **頭括型**

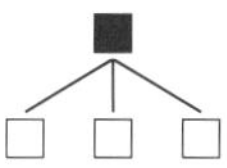

② **尾括型**

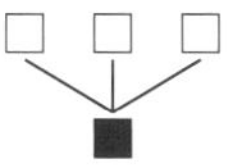

③ **双括型**

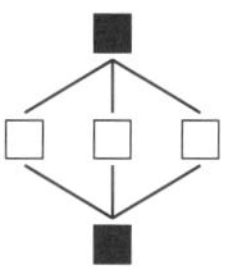

● 大意・要旨・主題（テーマ）について……

大意は、原文の縮小、あらすじと考え、各段落の要点や構成を考えながら、叙述の順に従って全体的にまとめればよい。

要旨は、文章に書かれた最も中心的な事柄をまとめたものだ。筆者の主張が最もよく表れている段落（結論の段落）を中心にまとめればよいのだが、その際、**主題**と密接な関係にある**トピックセンテンス**や**キーワード**を見落とさないことが重要だ。

はしがき

『ニューフェイズ』シリーズは、基礎レベルから大学入試レベルへとステップアップしながら、新しい入試にも対応できる力を養成することをねらいとした問題集シリーズです。幅広いジャンルから厳選した良質な文章を数多く読み込むことで、あらゆる文章に対応できる読解力が身につくように構成しています。また、大学入学共通テストをはじめとする、さまざまな大学入試の出題傾向を参考にした、「評論×評論」「韻文×評論」「評論×会話文」「実用文×グラフ」などの豊富な文種の問題を収録しています。

本書の特色

一、二次元コードからアクセスできる「本文を読む前に」で、本文のジャンルや話題について動画で解説しています。問題に取り組む前に活用することで、より本文の内容理解を深めることができます。

使い方のポイント

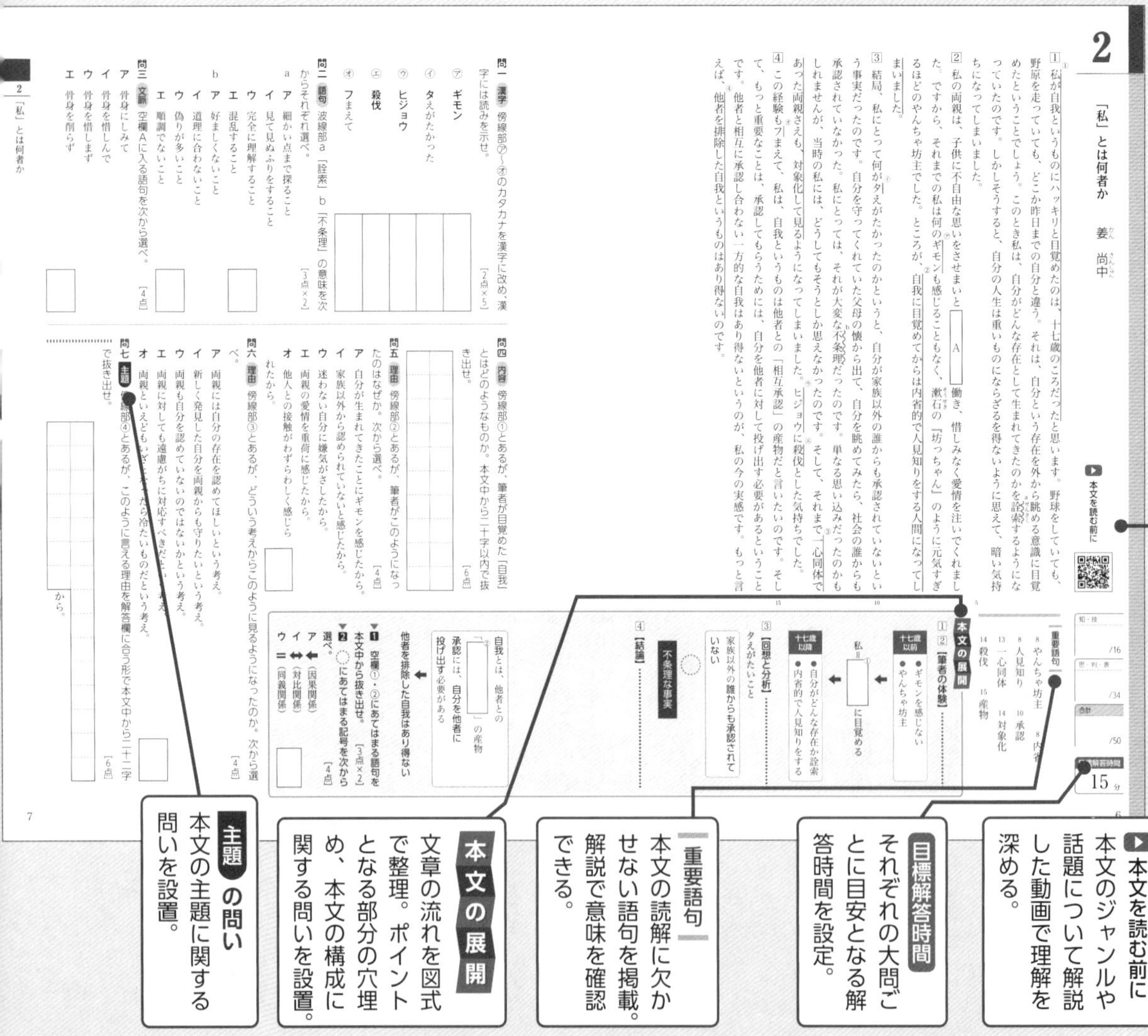

▶本文を読む前に　本文のジャンルや話題について解説した動画で理解を深める。

目標解答時間　それぞれの大問ごとに目安となる解答時間を設定。

重要語句　本文の読解に欠かせない語句を掲載。解説で意味を確認できる。

本文の展開　文章の流れを図式で整理。ポイントとなる部分の穴埋め、本文の構成に関する問いを設置。

主題の問い　本文の主題に関する問いを設置。

二、本文読解に役立つ語句を「重要語句」として掲載しています。語の意味は解答解説編で確認することができます。語注や「重要語句」の上の数字は本文に出現する行番号を表しています。

三、問題演習は、「本文の展開」と「設問」で構成し、各回に計50点を配点しました。
「本文の展開」では、文章の流れを図式化して整理し、ポイントとなる部分を穴埋め問題にしています。また、**共通テストのノート型問題**にも出題されている、本文の構成に関する問いに取り組むことができます。
「設問」は、「知識・技能」と「思考力・判断力・表現力」で色分けし、それぞれの点数を集計する採点欄を設けています。

四、巻末付録の「技能別採点シート」では、各設問に付いている「設問区分」ごとの点数を集計することができ、自分の弱点を把握することができます。

※本シリーズで取り上げた本文は、問題集の体裁上の配慮により、原典から文章の中略や表記の変更を行ったものもあります。

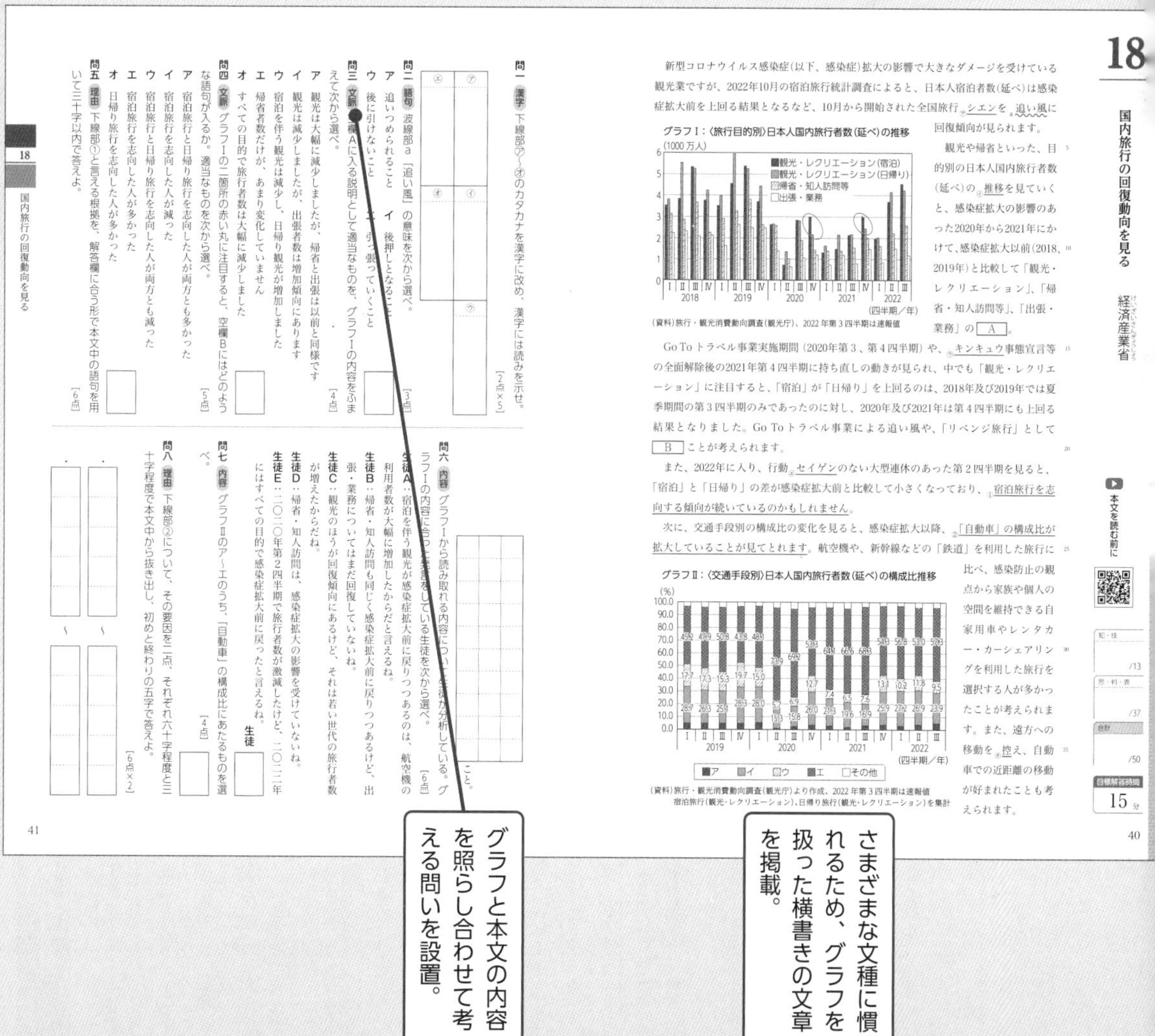

18

国内旅行の回復動向を見る

経済産業省《けいざいさんぎょうしょう》

新型コロナウイルス感染症(以下、感染症)拡大の影響で大きなダメージを受けている観光業ですが、2022年10月の宿泊旅行統計調査によると、日本人宿泊者数(延べ)は感染症拡大前を上回る結果となるなど、10月から開始された全国旅行㋐シエンをa追い風に回復傾向が見られます。

(資料)旅行・観光消費動向調査(観光庁)、2022年第3四半期は速報値

観光や帰省といった、目的別の日本人国内旅行者数(延べ)の㋑推移を見ていくと、感染症拡大の影響のあった2020年から2021年にかけて、感染症拡大以前(2018、2019年)と比較して「観光・レクリエーション」、「帰省・知人訪問等」、「出張・業務」の［A］。

Go To トラベル事業実施期間(2020年第3、第4四半期)や、㋒キンキュウ事態宣言等の全面解除後の2021年第4四半期に持ち直しの動きが見られ、中でも「観光・レクリエーション」に注目すると、「宿泊」が「日帰り」を上回るのは、2018年及び2019年では夏季期間の第3四半期のみであったのに対し、2020年及び2021年は第4四半期にも上回る結果となりました。Go To トラベル事業による追い風や、「リベンジ旅行」として［B］ことが考えられます。

また、2022年に入り、行動㋓セイゲンのない大型連休のあった第2四半期を見ると、「宿泊」と「日帰り」の差が感染症拡大前と比較して小さくなっており、①宿泊旅行を志向する傾向が続いているのかもしれません。

次に、交通手段別の構成比の変化を見ると、感染症拡大以降、②「自動車」の構成比が拡大していることが見てとれます。航空機や、新幹線などの「鉄道」を利用した旅行に比べ、感染防止の観点から家族や個人の空間を維持できる自家用車やレンタカー・カーシェアリングを利用した旅行を選択する人が多かったことが考えられます。また、遠方への移動を㋔控え、自動車での近距離の移動が好まれたことも考えられます。

(資料)旅行・観光消費動向調査(観光庁)より作成、2022年第3四半期は速報値
宿泊旅行(観光・レクリエーション)、日帰り旅行(観光・レクリエーション)を集計

本文を読む前に

知・技 /13
思・判・表 /37
合計 /50
目標解答時間 15分

40

問一 漢字 下線部㋐〜㋔のカタカナを漢字に改め、漢字には読みを示せ。［2点×5］
㋐ ㋑ ㋒ ㋓ ㋔

問二 語句 波線部a「追い風」の意味を次から選べ。［3点］
ア 追いつめられること イ 後押しとなること
ウ 後に引けないこと エ 引っ張っていくこと

問三 文脈 空欄Aに入る説明として適当なものを、グラフⅠの内容をふまえて次から選べ。［4点］
ア 観光は大幅に減少しましたが、帰省と出張は以前と同様です
イ 観光は減少しましたが、出張者数は増加傾向にあります
ウ 宿泊を伴う観光は減少し、日帰り観光が増加しました
エ 帰省者数だけが、あまり変化していません
オ すべての目的で旅行者数は大幅に減少しました

問四 文脈 グラフⅠの二箇所の赤い丸に注目すると、空欄Bにはどのような語句が入るか。適当なものを次から選べ。［5点］
ア 宿泊旅行と日帰り旅行を志向した人が両方とも多かった
イ 宿泊旅行を志向した人が減った
ウ 宿泊旅行と日帰り旅行を志向した人が両方とも減った
エ 宿泊旅行を志向した人が多かった
オ 日帰り旅行を志向した人が多かった

問五 理由 下線部①と言える根拠を、解答欄に合う形で本文中の語句を用いて三十字以内で答えよ。［6点］
こと。

問六 内容 グラフⅠから読み取れる内容について生徒が分析している。グラフⅠの内容に合った発言をしている生徒を次から選べ。［6点］
生徒A:宿泊を伴う観光が感染症拡大前に戻りつつあるのは、航空機の利用者数が大幅に増加したからだと言えるね。
生徒B:帰省・知人訪問も同じく感染症拡大前に戻りつつあるけど、出張・業務についてはまだ回復していないね。
生徒C:観光のほうが回復傾向にあるけど、それは若い世代の旅行者数が増えたからだね。
生徒D:帰省・知人訪問は、感染症拡大の影響を受けていないね。
生徒E:二〇二〇年第2四半期で旅行者数が激減したけど、二〇二二年にはすべての目的で感染症拡大前に戻ったと言えるね。
生徒

問七 内容 グラフⅡのア〜エのうち、「自動車」の構成比にあたるものを選べ。［4点］

問八 理由 下線部②について、その要因を二点、それぞれ六十字程度と三十字程度で本文中から抜き出し、初めと終わりの五字で答えよ。［6点×2］
〜
〜

18 国内旅行の回復動向を見る

41

グラフと本文の内容を照らし合わせて考える問いを設置。

さまざまな文種に慣れるため、グラフを扱った横書きの文章を掲載。

ニューフェイズ 現代文1

目次

解答のルール

解答欄のマス目の使い方

一マスに一字が基本。とくに指示がない場合、句読点や記号、カギカッコなども字数に数える。

原稿用紙とは違うので、行末のマス目に文字と句読点などをいっしょに入れないようにしよう。

行頭のマスはあけない

「本文だけだ」という。

一マスに一字が基本

行頭のマスが記号でもよい

字数指定の答え方

十字以内で答えよ
↓十字を超えないで答える。

十字程度で答えよ
↓十字を少し超えてもよい。

これらの場合、指定字数の八割以上で答えよう。

十字で答えよ
→十字ぴったりで答える。

八字以上十字以内で答えよ
→八字から十字までで答える。

記述問題の答え方

説明を求められる場合

〜はなぜか
→解答の文末を「〜から。」「〜ので。」とする。

〜はどういうことか
→解答の文末を「〜こと。」とする。

〜はどのような制度か答えよ
→解答の文末を「〜（という）制度。」とする。

このように、問われている対象の語句で結ぶとよい。

1 絶対に正しいということはあり得るか

黒崎政男《くろさきまさお》

▶ 本文を読む前に

1 誰にとっても、どんな場合でも正しいと言える行動はあるのでしょうか。誰にとっても幸せなこと、不幸なことはあるのでしょうか。こんな例で考えてみましょう。

2 あるテレビ局が動物番組を二本作ることになりました。一本は「熊の一生」、もう一本は「鮭の一生」です。誕生から自然界の苦難を乗り越えて成長していくドキュメント。熊さんチームは、おなかがすいた子熊のために必死で餌を追う母熊の姿をとらえます。食料をなかなか見つけられない母熊は必死です。川のほとりにたどり着いた時、川面を揺らす銀鱗《ぎんりん》が目に入りました。「やったー！　鮭がやってきたんだ」。テレビを見ている人は、「よかった。これでもう(ア)飢えることはない。子熊もすくすく育つだろう」とほっとした気分になります。母熊の(イ)フントウで餌を与えられた子熊の幸せそうな映像を見ながら、めでたしめでたしのエンディングです。

3 一方、①鮭さんチームは、辛く長い旅を終え、やっとアラスカの海から北海道に戻ってきた鮭たちを追います。(ウ)ナツかしい生まれ故郷の川を必死で(エ)遡り、もう少しでa産卵の時を迎えるというb間際、あの恐ろしい熊がやってくるわけです。熊は産卵を待ってくれず、cあえなく食べられてしまったという(オ)ヒゲキのお話になります。

4 熊が鮭を食べるという行為は、熊にとってはただの出来事にすぎません。ただ、それを撮影している人間の視点が「幸せな物語」として価値判断をしているわけです。一方、鮭さんチームから見ると②理不尽極まりないヒゲキになります。何のために辛く長い旅をしてきたのか。あと少し、あと少しでゴールにたどり着き、産卵できたのに。こちらもまた、鮭さんチームという人間の視点です。熊さんチームから見ると、この結末は喜び以外の何ものでもない。同じ行為が、鮭の立場、熊の立場でまるで違ったものになる。

5 この例から、③立場を超えては、あるいは立場抜きには、一つの行為の意味を語ることはできないということに気づきます。行為の意味や正義は、立場と合わせてでしか語ることができないということを示しているのです。

4 **ドキュメント**…記録。

10 **アラスカ**…アメリカ合衆国最北端にある州。

重要語句

15 視点　15 理不尽

知・技	/16
思・判・表	/34
合計	/50

目標解答時間 15分

本文の展開

1【問題提起】……誰にとっても、いつでも、正しい、幸せだと言えることはあるのか

2 3【事例の説明】……二本の動物番組

「熊の一生」
母熊が子熊のために必死に鮭を獲得する　→めでたしめでたしのエンディング

「鮭の一生」
必死で川を遡ったのに熊に食べられる　→ヒゲキのお話

4【事例のまとめ】……熊が鮭を食べるという行為について
熊さんチームの視点
↓
①［　　　　］物語

問一 漢字 傍線部㋐～㋔のカタカナを漢字に改め、漢字には読みを示せ。［2点×5］

㋐ **飢**える

㋑ **フントウ**

㋒ **ナツ**かしい

㋓ **遡**り

㋔ **ヒゲキ**

問二 語句 波線部a「産卵」と同種の構成の熟語を次から選べ。［2点］

ア 慶弔　**イ** 報酬

ウ 架橋　**エ** 未踏

問三 語句 波線部b「間際」c「あえなく」の意味を次からそれぞれ選べ。［2点×2］

b **ア** 寸前　**イ** 直後

ウ 最期　**エ** 当時

c **ア** 苦しまぎれに

イ 苦難の末に

ウ いやがおうでも

エ あっけなく

問四 内容 傍線部①が示すものは何か。本文中の語句を用いて十五字程度で答えよ。［6点］

問五 内容 傍線部②とあるが、どういう点で「理不尽極まりない」のか。次から選べ。［6点］

ア どの視点に立つかによって、人間が価値判断を変える点。

イ 単一の出来事に対して、人間がわざわざ何通りもの価値判断をする点。

ウ 鮭は産卵できなかったことが無念であるのに、熊が鮭の無念な様子を喜んでいる点。

エ 鮭は産卵のために長い旅を経てきたのに、それを果たせずに食べられてしまう点。

オ 熊が鮭の産卵のタイミングを故意に狙って鮭を食べた点。

問六 主題 傍線部③について、2～4段落の例を用いて説明した次の文の空欄a・bにあてはまる語句を、aは七字、bは九字で本文中から抜き出せ。［6点×2］

たとえば［a］という行為の意味を語るとき、人は必ず［b］などといった、何らかの立場に立って意見を述べているということ。

a

b

⬌ **鮭さんチームの視点**

→理不尽極まりないヒゲキ

同じ行為が［②］によって違って見える

5 **【結論】**……**この事例が示すこと**

・立場抜きには、一つの行為の意味を語ることはできない

・行為の意味や正義は、立場と合わせずに語ることはできない

▼**1** **空欄①・②にあてはまる語句を本文中から抜き出せ。**［3点×2］

▼**2** ◌**にあてはまる記号を次から選べ。**［4点］

ア ⬅（因果関係）

イ ⬌（対比関係）

ウ ＝（言い換え）

2 「私」とは何者か

姜《かん》尚中《さんじゅん》

▶ 本文を読む前に

1 ①私が自我というものにハッキリと目覚めたのは、十七歳のころだったと思います。野球をしていても、野原を走っていても、どこか昨日までの自分と違う。それは、自分という存在を外から眺める意識に目覚めたということでしょう。このとき私は、自分がどんな存在として生まれてきたのかを a詮索《せんさく》するようになっていたのです。しかしそうすると、自分の人生は重いものにならざるを得ないように思えて、暗い気持ちになってしまいました。

2 私の両親は、子供に不自由な思いをさせまいと［　A　］働き、惜しみなく愛情を注いでくれました。ですから、それまでの私は何の(ア)ギモンも感じることもなく、漱石《そうせき》の『坊っちゃん』のように元気すぎるほどのやんちゃ坊主でした。ところが、②自我に目覚めてからは内省的で人見知りをする人間になってしまいました。

3 結局、私にとって何が(イ)タえがたかったのかというと、自分が家族以外の誰からも承認されていないという事実だったのです。自分を守ってくれていた父母の懐から出て、自分を眺めてみたら、社会の誰からも承認されていなかった。私にとっては、それが大変な b不条理だったのです。単なる思い込みだったのかもしれませんが、当時の私には、どうしてもそうとしか思えなかったのです。そして、それまで③一心同体であった両親さえも、対象化して見るようになってしまいました。(ウ)ヒジョウに(エ)殺伐とした気持ちでした。

4 この経験も(オ)フまえて、私は、自我というものは他者との「相互承認」の産物だと言いたいのです。そして、もっと重要なことは、承認してもらうためには、自分を他者に対して投げ出す必要があるということです。他者と相互に承認し合わない一方的な自我はあり得ないというのが、私の今の実感です。もっと言えば、④他者を排除した自我というものはあり得ないのです。

重要語句

8 やんちゃ坊主　8 内省　8 人見知り　10 承認　13 一心同体　14 対象化　14 殺伐　15 産物

知・技	/16
思・判・表	/34
合計	/50

目標解答時間 15分

本文の展開

1 2 【筆者の体験】……
- 十七歳以前
  - ●ギモンを感じない
  - ●やんちゃ坊主
- → 私＝［　①　］に目覚める →
- 十七歳以降
  - ●自分がどんな存在か詮索
  - ●内省的で人見知りをする

3 【回想と分析】……
タえがたいこと
家族以外の誰からも承認されていない
（　　）
不条理な事実

4 【結論】……

問一 漢字 傍線部㋐～㋔のカタカナを漢字に改め、漢字には読みを示せ。〔2点×5〕

㋐ ギモン
㋑ タえがたかった
㋒ ヒジョウ
㋓ 殺伐
㋔ フまえて

問二 語句 波線部a「詮索」b「不条理」の意味を次からそれぞれ選べ。〔3点×2〕

a
ア 細かい点まで探ること
イ 見て見ぬふりをすること
ウ 完全に理解すること
エ 混乱すること

b
ア 好ましくないこと
イ 道理に合わないこと
ウ 偽りが多いこと
エ 順調でないこと

問三 文脈 空欄Aに入る語句を次から選べ。〔4点〕

ア 骨身にしみて
イ 骨身を惜しんで
ウ 骨身を惜しまず
エ 骨身を削らず

問四 内容 傍線部①とあるが、筆者が目覚めた「自我」とはどのようなものか。本文中から二十字以内で抜き出せ。〔6点〕

問五 理由 傍線部②とあるが、筆者がこのようになったのはなぜか。次から選べ。〔4点〕

ア 自分が生まれてきたことにギモンを感じたから。
イ 家族以外から認められていないと感じたから。
ウ 迷わない自分に嫌気がさしたから。
エ 両親の愛情を重荷に感じたから。
オ 他人との接触がわずらわしく感じられたから。

問六 理由 傍線部③とあるが、どういう考えからこのように見るようになったのか。次から選べ。〔4点〕

ア 両親には自分の存在を認めてほしいという考え。
イ 新しく発見した自分を両親からも守りたいという考え。
ウ 両親も自分を認めていないのではないかという考え。
エ 両親に対しても遠慮がちに対応すべきだという考え。
オ 両親といえどもいざとなったら冷たいものだという考え。

問七 主題 傍線部④とあるが、このように言える理由を解答欄に合う形で本文中から二十二字で抜き出せ。〔6点〕

から。

自我とは、他者との「②　　」の産物
承認には、自分を他者に投げ出す必要がある
⬇
他者を排除した自我はあり得ない

▼1 空欄①・②にあてはまる語句を本文中から抜き出せ。〔3点×2〕

▼2 ◯にあてはまる記号を次から選べ。〔4点〕

ア ⬅（因果関係）
イ ⬌（対比関係）
ウ ＝（同義関係）

3 永遠の放課後

三田誠広《みたまさひろ》

▶ 本文を読む前に

重要語句
1 見すえる　2 踏み込む　7 真顔　9 下品　16 恵まれる

知・技	/14
思・判・表	/36
合計	/50
目標解答時間	15分

1 杉田《すぎた》はぼくの顔を見すえて言った。

「おまえは他人を拒否している。人が自分の心の中に踏み込んでくることをオソ（ア）れているんだ。」

思いがけない言葉だった。そんなことは他人に言われたこともないし、自分で考えたこともなかった。

だが、言われてみれば、当たっているかもしれないと思われた。

ぼくが黙（イ）っていると、杉田は急に声を立てて笑った。

「実は、おれも同じだ。」

2 自分と杉田とが、①同じだと言われても、すぐには同意できなかった。杉田は真顔になって言葉を続けた。

「確かにおれは、いつも仲間に囲まれている。だがそれは、おれが明るくふるまっているからだ。クラスのやつらの会話なんて、くだらないものばかりだ。スポーツとマンガの話題、ダジャレ、下品な冗談（ウ）、それから女の子の噂《うわさ》……、おれはそんなものに興味はない。しかし、クラスのやつらのレベルに合わせて、くだらない冗談を言ってやる。それがまあ、人とつきあう礼儀ってものだろう。」

杉田は②どことなく寂しい感じのする微笑をウ（エ）かべた。

「③おまえのほうが、正直なんだ。」

正直だと言われても、嬉《うれ》しくはなかった。ぼくは口をききたくないときは、黙ったままでいる。かたくなまでに(a)自分を守ろうとするところがある。相手に合わせて会話をとりつくろう(b)のは、杉田の人に対する［A］であり、やさしさではないだろうか。それは生まれつきでもあるし、恵まれた家庭で育ったからでもあるだろう。ぼくには、思いやりもやさしさもなかった。

3「こんな話ができるのも、おまえだけだ。」

ぼくを慰（オ）め、励まそうとして、杉田はそんなことを言ったのだろう。そして実際に、ぼくは慰められ、励まされた。

本文の展開

1【杉田の思いがけない言葉】……「おまえは他人を拒否している」
「人が自分の心の中に踏み込んでくることをオソれている」

↓ ぼく 当たっているかもしれない

2【杉田の打ち明け話】……「実は、おれも同じ」

↓「いつも仲間に囲まれている。だがそれは、おれが明るくふるまっているから」
「人とつきあう礼儀ってもの」

↓「おまえのほうが、［①］なんだ」

↓ ぼく 嬉しくはなかった
ぼくには、思いやりもやさしさもなかった

3【杉田の言葉の真意】……「こんな話ができるのも、おまえだ

問一 **漢字** 傍線部㋐〜㋔のカタカナを漢字に改め、漢字には読みを示せ。〔2点×5〕

㋐ **オソ**れて

㋑ **黙**って

㋒ **冗談**

㋓ **ウ**かべた

㋔ **慰**め

問二 **語句** 波線部a「かたくな」b「とりつくろう」の意味を次からそれぞれ選べ。〔2点×2〕

a
ア 内気で寡黙なさま
イ 素朴でまじめなさま
ウ 頑固で従わないさま
エ 偏屈で意地悪なさま

b
ア 取り締まる
イ 成り立たせる
ウ 大切にする
エ うまく収める

問三 **文脈** 空欄Aに入る語句を本文中から五字以内で抜き出せ。〔3点〕

問四 **理由** 傍線部①とあるが、それはなぜか。次の文の空欄a・bにあてはまる語句を、本文中からそれぞれ九字で抜き出せ。〔4点×2〕

常に a 杉田が「ぼく」のように自分を守り、

b とは思えないから。

a

b

問五 **内容** 傍線部②に表れた杉田の心情として最も適当なものを次から選べ。〔4点〕

ア 絶望　**イ** 自嘲　**ウ** 自負
エ 不満　**オ** 不安

問六 **内容** 傍線部③とあるが、「ぼく」のどういう点が正直だというのか。次から選べ。〔5点〕

ア 自分の正しいと思うことは絶対に曲げない点。
イ 何があっても決して他人に心を開かない点。
ウ 無理に人に合わせてふるまうことができない点。
エ だれに対しても決してうそをついたりしない点。
オ 自分の思っていることを口に出さない点。

問七 **主題** 杉田はどのような思いから、傍線部③のようなことを言ったのか。二十字以内で答えよ。〔6点〕

けだ」

ぼく 慰められ、②

▼**1** 空欄①・②にあてはまる語句を本文中から抜き出せ。〔3点×2〕

▼**2** 左の図は、本文の展開の[1]・[2]段落で「ぼく」が杉田の言葉をどのように感じ取ったかをまとめている。③・④に入る語句の組み合わせとして、最も適当なものを次から選べ。〔4点〕

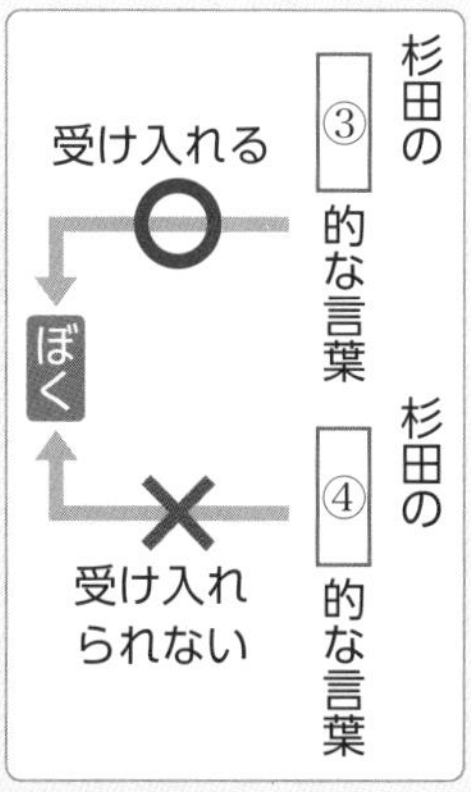

ア ③＝客観　④＝主観
イ ③＝感情　④＝機械
ウ ③＝否定　④＝肯定
エ ③＝具体　④＝抽象

4 虫たちとの交流

小川洋子《おがわようこ》

本文を読む前に

1 自分で野菜を作ってみて一番驚いたのは、①本来駆除すべき虫たちがさほど憎くないということだった。以前はスーパーで買った野菜にナメクジを一匹見つけただけでギョッとしていたが、今は全く動じない。「上手に㋐カクれてよくこんなところまでやって来たなあ、お前」と、声を掛けてやりたくなるほどだ。むしろ逆に、同じ野菜の恵みを共有する仲間のようにさえ感じる。齧《かじ》られた跡やフンによって、彼らと交流しているのだ。

2 今年の春は野菜だけでなく、㋑ムボウにも苺《いちご》に挑戦し、惨敗した。ちょっと〝交流〟にうつつを抜かしすぎたようだ。藁《わら》を敷き、ビニールを被《かぶ》せ、期待に㋒ムネをふくらませていると、やがて可愛《かわい》い白い花が次々と咲きはじめた。この時点では、丸々とした真っ赤な苺を頬張るイメージが出来上がっていた。㋓ウれるのを待ちわびて、いよいよとなったその時、自分の甘さを思い知らされた。

3 ナメクジなのかアリなのか、人間の目に触れない部分だけを見事に齧っている。手に取るとどれも、㋔ウラガワがとんでもないことになっている。残念がるより何より、②してやられた、という感じだ。

4 しかし一個一個の造形美には[a]目を見張るものがあった。中心に向かって貫かれた空洞の無、そこからのぞく白っぽい果肉と表面の[b]赤味のコントラスト、小さな穴がつながり合い増殖しながら生み出す新たな曲線。そうしたものたちが、ただの苺を、独創的な彫刻作品にしていた。

5 かろうじて無事な、ほんのわずかの部分を口に含んでみた。頬張る、とはほど遠く、歯の間に挟まる程度だったが、③それでも甘みだけは伝わってきた。

重要語句

6 うつつを抜かす

8 頬張る

12 造形美

知・技	/16
思・判・表	/34
合計	/50

目標解答時間 15分

本文の展開

1【話題の提示】……野菜を作って驚いたこと

虫を見ると…

以前 ギョッとする

⟷

現在 声をかけてやりたくなる
同じ野菜の恵みを共有する仲間

2〜4【本題】……

●今年の苺作り

虫との［①　］にうつつを抜かす

（　）

惨敗した＝人間の目に触れない部分だけを齧られた
してやられた

⟷

目を見張る造形美
独創的な彫刻作品

5【結び】……

●苺の味

かろうじて無事な部分を口に含む……

問一 漢字 傍線部㋐〜㋔のカタカナを漢字に改めよ。 [2点×5]

㋐ カクれて

㋑ ムボウ

㋒ ムネ

㋓ ウれる

㋔ ウラガワ

問二 語句 波線部a「目を見張る」b「コントラスト」の意味を次からそれぞれ選べ。 [3点×2]

a ア 満足してほほえむ
イ 驚いて目を大きく開く
ウ 注意して見つめる
エ うれしそうな目つきをする

b ア 映像 イ 色彩
ウ 対照 エ 光沢

問三 内容 傍線部①とあるが、筆者は虫たちをどう感じるようになったのか。本文中から十四字で抜き出せ。 [6点]

問四 内容 傍線部②とあるが、筆者はどのようなことに対して「してやられた」と感じたのか。次の文の空欄にあてはまる語句を二十五字以内で答えよ。 [8点]

虫たちが □ こと。

問五 主題 傍線部③からは筆者のどのような気持ちが読み取れるか。適当なものを次から選べ。 [5点]

ア 満足のいくほど苺を食べることができず、悔しくてたまらない気持ち。
イ 虫たちと交流することができて、すっかり満足する気持ち。
ウ 虫たちに憎しみを感じ、次回は失敗しないよう決意を新たにする気持ち。
エ 虫たちとの交流にかまけていた自分に対して、次は失敗しないと言い聞かせる気持ち。
オ 苺を十分には味わえなかったものの、そのわずかな恵みをありがたく感じる気持ち。

と、②□だけは伝わってきた

▼1 空欄①・②にあてはまる語句を本文中から抜き出せ。 [3点×2]

▼2 ◯にあてはまる記号を次から選べ。 [4点]

ア ⬅ (因果関係)
イ ⬌ (対比関係)
ウ ＝ (同義関係)

問六 表現 本文中の表現の特徴についての説明として最も適当なものを次から選べ。 [5点]

ア 擬人法を用いて虫たちの動作や様子を生き生きと描写している。
イ 体言で止めた表現をリズムよく重ねて苺の色や形状を鮮やかに描いている。
ウ 直喩を多く用いて目にした情景をイメージ豊かに表現している。
エ 慣用句を巧みに織り交ぜて筆者の心の動きを格調高く描いている。
オ 直接的に心情を述べず、風景の描写などで間接的に心情を表現している。

5 かたちの日本美

三井《みつい》秀樹《ひでき》

▶ 本文を読む前に

知・技 /17
思・判・表 /33
合計 /50
目標解答時間 15分

1 **モンスーン気候**…季節風の影響を受け、温暖で冬に寒気のある気候。
18 **多神教**…多数の神々や精霊などをあわせうやまう宗教の形態。

重要語句
2 風土　5 受容　5 気質　5 変容　9 手がける　15 猛威　16 畏敬

1 倫理学者、かの和辻哲郎《わつじてつろう》は、代表的著書のひとつ『風土』の中で、日本人の自然観は(ア)湿潤なモンスーン気候に(イ)ユライする、と述べている。日本人の①衣食住は日本の風土によって(ウ)ハグクまれ、②日本人の感性はこの自然にあるとしている。

2 日本列島に連なる四島と無数の島々は、外界を隔て、特有の美的感性をつくりあげてきた。奈良時代以来、大陸文化を積極的に受容しながらも日本人のa情緒や気質に合わせるように、文化の質を変容させてきたのである。

3 八世紀の東ローマ帝国やフランク王国が支配していたヨーロッパのほとんどの国々は、主に狩猟と農耕で暮らしていた狩猟型民族であった。これに対し、日本人は採取や農耕を主とし、魚貝などの海産物を貴重なタンパク源として食生活を送ってきた。一九世紀、トロイア遺跡の発掘を手がけ、ホメロスの詩「イリアス」の史実を証明したシュリーマンは、幕末の日本を訪れ旅行記を残している。その中で彼は「日本には牛乳、バターやコーヒーもなく、そうした食物は日本人には全く知られていない」と、③日本人の食生活への驚きをしるしている。そして彼らの食べる動物性食品は、海産物に限られている、とつけ加える。日本人特有の自然の恵みに依存したこうした生活環境が、(エ)オダやかな気質と④日本人の情緒性や美意識の(オ)基となったと考えるのは、きわめて自然の成り行きではないだろうか。

4 そんな自然からの恵みに生活を依存していた一方、しばしば猛威を奮う台風などの災害が、日本人を襲った。この様な風土が、日本人の自然への畏敬の念を自ずと強める要因をつくりだしたともいえる。だからこそ、そこにb八百万《やおよろず》の神を見いだす多神教ともいえる自然信仰が芽生え、美の対象も自然の中から求めだそうとする日本人特有の精神的風土が育まれていったのである。

本文の展開

1 2 【導入】……
日本の風土（湿潤なモンスーン気候）
↓ （　　）
日本人の自然観・美的感性をつくる

3 【具体的説明】……
ヨーロッパ＝狩猟と農耕
⇔
日本＝採取や農耕
＝
① [　　　] などの自然の恵み
に依存した生活環境
⬅
オダやかな気質と
日本人の情緒性や美意識

問一 漢字 傍線部㋐～㋔のカタカナを漢字に改め、漢字には読みを示せ。 [2点×5]

㋐ **湿潤**

㋑ **ユライ**

㋒ **ハグク**まれ

㋓ **オダ**やか

㋔ **基**

問二 語句 波線部a「情緒」b「八百万」の意味を次からそれぞれ選べ。 [2点×2]

a
ア 美を見いだそうとする心
イ ことにふれて起こる感情
ウ 人を思いやる気持ち
エ もの悲しい心情

b
ア 非常に尊いこと
イ 非常に不思議なこと
ウ 非常に身近であること
エ 非常に数が多いこと

問三 語句 傍線部①「衣食住」と同種の構成の三字熟語を次から選べ。 [3点]

ア 紅一点 **イ** 雪月花 **ウ** 屋台骨
エ 乱高下

問四 内容 傍線部②とあるが、日本人の感性をハグクんだ自然とはどのようなものであったか。次の文の空欄a・bにあてはまる語句を本文中からそれぞれ二字で抜き出せ。 [4点×2]

豊かな食物などの［ a ］をもたらす一方、恐ろしい［ b ］を引き起こすもの。

a　　b

問五 理由 傍線部③とあるが、こうした食生活の違いの背景には、日本人のどのような暮らし方が影響しているのか。適当なものを次から選べ。 [7点]

ア 狩猟や農耕を主とした生活をしていた。
イ 採取や農耕を主とした生活をしていた。
ウ 採取や狩猟を主とした生活をしていた。
エ 農耕だけを主とした生活をしていた。
オ 狩猟だけを主とした生活をしていた。

問六 主題 傍線部④とあるが、これをつくりだした日本人特有の自然観とはどのようなものだったのか。次の文の空欄にあてはまる語句を二十字以内で答えよ。 [8点]

自然に対して［　］とする思い。

④ **【結論】**

・自然の恵み
・［②］などの災害

⬅

・自然への畏敬の念（＝自然信仰）
・美の対象も自然の中から求めだそうとする日本人特有の精神的風土

▼**1** 空欄①・②にあてはまる語句を本文中から抜き出せ。 [3点×2]

▼**2** ◌にあてはまる記号を次から選べ。 [4点]

ア ⬅（因果関係）
イ ⟺（対比関係）
ウ ＝（同義関係）

6 貨幣とは何か

岩井克人《いわいかつひと》

1 貨幣とは何か。

2 この問いに対する答えは、㋐カンタンです。貨幣とは、「交換の①一般的媒介ａ」です。それは、価値さえ等しければ、誰もが他のモノと交換に受け取ってくれるモノのことです。

3 もっとも、通常の経済学の教科書には、貨幣とは価値の尺度、価値の貯蔵手段、そして交換の媒介としての役割を果たすもの、という定義ｂが与えられています。でも、価値が安定しているモノならどれも価値の尺度となりますし、㋑耐久性のあるモノならどれも価値の貯蔵手段となります。しかも、どのようなモノでも、「欲求の二重の一致」さえ満たせば、他のモノを手に入れるための交換の媒介になり得ます。

4 ここで、「欲求の二重の一致」とは、自分が欲しいモノを持っている相手が、ちょうど自分が持っているモノを欲しがっている状況のことです。ですから、価値の尺度、価値の貯蔵手段、交換の媒介というだけでは、貨幣の定義としては、不十分です。㋒クり返しますが、貨幣とは、「交換の一般的媒介」のことなのです。

5 今、どのようなモノでも、「欲求の二重の一致」さえ満たせば交換の媒介になると書きましたが、現実には、欲求の二重の一致などそんなに㋓頻繁に起こることではありません。それだからこそ、モノとモノとが直接交換される物々交換経済は、経済システムとしては大変に非効率的であるのです。

6 これに対して、貨幣とは、誰もが受け取ってくれる「交換の一般的媒介」であることによって、欲求が二重に一致していない人間の間の交換も可能にします。たとえ自分が欲しいコーヒーを持っている相手が自分の持っているお茶は欲していなくても、貨幣と引き換えならば、自分の欲しいコーヒーを手渡してくれるはずです。②物々交換の困難を㋔カイショウしてくれる③貨幣とは、まさに経済効率性の元祖であるのです。

▶ 本文を読むために

2 **価値さえ等しければ**…ここでは、そのモノの価値と、交換に受け取る貨幣の価値とが等しいということ。

重要語句

4 尺度　13 頻繁　18 元祖

知・技 /14
思・判・表 /36
合計 /50
目標解答時間 15分

本文の展開

1 【問題提起】……〈貨幣とは何か〉

2 【筆者の見解＝結論1】……貨幣…誰もが他のモノと交換に受け取ってくれるモノ

3 4 【経済学の定義と筆者の主張】…

〈経済学の定義〉
❶価値の尺度
❷価値の［　①　］
❸交換の媒介の役割を果たすもの

〈筆者の主張〉
❶価値が安定したモノなら可能
❷耐久性のあるモノなら可能
❸「欲求の二重の一致」を満たせ

問一 **漢字** 傍線部㋐〜㋔のカタカナを漢字に改め、漢字には読みを示せ。 [2点×5]

㋐ **カンタン**

㋑ **耐久**

㋒ **クり返し**

㋓ **頻繁**

㋔ **カイショウ**

問二 **語句** 波線部a「媒介」b「定義」の意味を次からそれぞれ選べ。 [2点×2]

a
ア 両者に変化をもたらすもの
イ 両者を比較するもの
ウ 両者の関係をとりもつもの
エ 両者から影響を受けるもの

b
ア その物事に関する重要な規則
イ ある物事についての明快な説明
ウ その物事が持っている価値
エ ある物事が周囲に与える影響

問三 **内容** 傍線部①は、ここではどういう意味か。解答欄に合う形で、本文中の語句を用いて十五字以内で答えよ。 [4点]

という意味。

問四 **内容** 傍線部②について説明した次の文の空欄にあてはまる語句を、本文中から十五字以内で抜き出せ。 [6点]

欲求の二重の一致は頻繁には起こらないため、□ことは起きにくいということ。

問五 **理由** 傍線部③とあるが、なぜそう言えるのか。最も適当なものを次から選べ。 [6点]

ア 貨幣であれば誰でも受け取ってくれるから。
イ 貨幣によってモノの交換が容易になるから。
ウ 貨幣はモノと密接につながっているから。
エ 貨幣の価値は誰にとっても等しいものだから。
オ 貨幣が「欲求の二重の一致」を作り出すから。

問六 **主題** 1段落に「貨幣とは何か」とあるが、筆者は結局この問いにどう答えているか。それを説明した次の文の空欄a・bにあてはまる語句を、aは八字、bは五字で本文中から抜き出せ。 [5点×2]

貨幣とは a であり、 b を高めるモノである。

a

b

ば、どんなモノでも可能
↓
経済学の定義としては不十分

5 **【論の展開】**
「欲求の二重の一致」は頻繁には起こらない
↓
② □ 経済は非効率的
⬌
6 **【結論2】**
貨幣…「欲求の二重の一致」がなくても交換を可能にする

▼ **1** 空欄①・②にあてはまる語句を本文中から抜き出せ。 [3点×2]

▼ **2** ◯にあてはまる記号を次から選べ。 [4点]

ア ⬅(因果関係)
イ ⬌(対比関係)
ウ ＝(言い換え)

7 書き言葉について

柳沼重剛《やぎぬましげたけ》

1 若いころ私は、㋐エラい先生の下請けをして、いくつかの百科事典の執筆をやった。①申し訳ないが、あれは今から思えばありがたい勉強になった。百科事典の執筆はたいてい、項目ごとに「何行」と指定されるが、一般に、何行とか何字とか何枚とかいう、きびしく制限された枠の中で、意味のある、そしてわかる文を書くには、的確なことを的確に言わなければならなくて、あの執筆は私にそういう勉強を㋑シいてくれたからである。どの項目についても、まずはじめに、何を書くかを決めるわけだが、これは何を書かずにおくかということとa裏腹の課題で、実際には、どんなに手短に言うにしても、これだけはぜひ言わなければならないことは何かを決めることになる。そして次に、②それについて手短に、しかしわかりやすい文で書くのだが、この「手短に」と「わかりやすく」というのは、ほとんど常に互いに矛盾する要求である。わかりやすさを心がけると口数が多くなりがちであり、「手短」ばかりを努力すると、書いた本人はわかるつもりでも、他人が見るとさっぱりわからない文章になりがちだからである。

2 これだけ苦労しても、書いた文章に言葉のむだはまだあるもので、それを削る。とはいっても、多くの場合、書いた本人はそのむだに気がつきにくい。とくに多いのは重複、［A］、Aの文とBの文では、言い回しこそ違っているが、言われている意味はそれほど違わないという場合だが、これは㋒ガイして、書いた本人はいい気分で、我ながらよく書けたと思っている箇所に多いものである。単語に関していえば、むだになりがちな語の筆頭は形容詞と副詞、とくに副詞で、中でも「たいへん」とか「非常に」とかいうのは、ほとんどの場合捨てることができる。

3 こうして言葉を削って、このことについてこれだけの字数で言うには、③こう書くほか書きようがない、というところまでもっていく、つまりb抜き差しならぬ文章を仕上げる（ただし、抜き差しならぬ文章はすばらしい文章だが、別の見方をすると、［B］文章でもあるので、読者を疲れさせてしまうことがある。［C］小説やエッセイ、学校の㋓コウギなどでは、わざとむだな言葉やむだな文章をちりばめたり、言葉を変えて同じことを㋔クり返し述べたりすることがある）。

本文を読む前に

重要語句

1 下請け　8 矛盾　13 ガイして

知・技	/14
思・判・表	/36
合計	/50

目標解答時間 15分

本文の展開

1【序論】
エラい先生 ← 下請け
百科事典の執筆＝ありがたい勉強
書く際の二つの条件
・制限された字数で書く
・わかる文を書く

2【本論】
苦労して直した文章
←
まだ削ることができる言葉がある
・とくに多いのは ①
・形容詞・副詞などの単語

3【結論】
これらの手順
←
こう書くほか書きようがない文章

問一 漢字 傍線部㋐～㋔のカタカナを漢字に改めよ。〔2点×5〕

㋐ エラい
㋑ シいて
㋒ ガイして
㋓ コウギ
㋔ クり返し

問二 語句 波線部a「裏腹」b「抜き差しならぬ」の意味を次からそれぞれ選べ。〔2点×2〕

a
ア 正反対
イ 背中合わせ
ウ 共存しえない
エ 相互の

b
ア やりくりする余地のない
イ 完璧な
ウ だれも誤解しない
エ 行き詰まった

問三 文脈 空欄A・Cに入る語を次からそれぞれ選べ。〔3点×2〕

ア また　イ つまり　ウ しかし　エ そこで

A
C

問四 文脈 空欄Bに入る語句を次から選べ。〔4点〕

ア 回りくどい　イ 論理的でない
ウ わかりにくい　エ 遊びのない
オ あか抜けない

問五 理由 傍線部①とあるが、申し訳ないというのはなぜか。最も適当なものを次から選べ。〔6点〕

ア せっかく先生の下請けにしてもらえたのに、よい文章が書けなかったから。
イ 百科事典の執筆は仕事であるのに、その仕事をすることで勉強させてもらったから。
ウ たいした知識もないのに、百科事典を執筆してしまったから。
エ 百科事典の執筆を引き受けたものの、的確な記述ができなかったから。
オ 百科事典に必要なことを何も理解せずに執筆していたから。

問六 指示 傍線部②がさす内容を二十字以内で抜き出せ。〔5点〕

問七 主題 傍線部③とあるが、このような文章を書くには、具体的にはどのようにする必要があるか。次の文の解答欄に合う形で本文中の語句を用いて十字以内で答えよ。〔5点〕

わかりにくくならないように気をつけながら、□こと。

補足

文章によっては②□を疲れさせないために、わざとむだな言葉を使うこともある

▼1 空欄①・②にあてはまる語句を本文中から抜き出せ。〔3点×2〕

▼2 ◌にあてはまる記号を次から選べ。〔4点〕

ア ⬅（因果関係）
イ ⬌（対比関係）
ウ ＝（同義関係）

8 よだれ　まど・みちおの詩

川崎《かわさき》　洋《ひろし》

よだれが
ひとり　ひっそりと
いねむりに
よりそっている
いねむりが
やすらかでありますようにと
①ほとんどひっしで
ゆめの
ふかさを
はかりつづけながら

（詩集『ぞうのミミカキ』）

1 よだれは、まずかっこいいものではない。赤ん坊のよだれかけならまずまずとして、それ以外はどうも褒められたものではない。落語では、よだれを少し㋐タらしながら、②でれりぼーっとしているというイメージの与太郎さんが登場したりする。いい大人が電車の㋑ザセキで居眠りをしていて、はっと目を覚まして、慌てて唇の㋒ハシのよだれを手で拭ったり、これはわたし自身身に覚えのあることだ。オルゴールの店ですてきな大型のそれを見て、ほしくてほしくてたまらず、よだれをタらさんばかりに、食い入るように見つめたが、とびきりの値段で諦めざるを得なかった。

2 よだれは、つばが外へあふれ出たもので、口中にあるときは、「つば」のほかに「唾液《だえき》」というシャンとした名前である。生唾を飲む、a固唾《かたず》を飲む、b眉唾ものなどなど。それがいったん口の外へ出ると、よだれだ。（涎という漢字があるにはあるが。）

3 まどさんは、そのよだれを、だらしないマイナスのイメージからきっぱり切り離して、人間に寄り添ういとしい存在感を吹き込んだ。しかも、よだれが帯びるユーモアをちゃんと受け継ぎながら。

4 よだれが一瞬生き物のように感じられる。それは③子供の、大人はもうとっくにすり減らした感性が、まどさんの中に変わらず息づいているからにほかならない。子供の詩を読んでいると、擬人化ということでなく、無機物さえも命あるものと感じ取る感受性に㋓キョウタンすることが多い。遠い祖先のアニミズム、自然界のあらゆる現象・事物には㋔レイコンが宿っているとする考え方につながっている。④まどさんの詩にもつながっていると感じる。

▶本文を読む前に

まど・みちお…一九〇九年～二〇一四年。詩人。

13 **与太郎**…落語で間抜けな人の名に用いる。愚か者。

重要語句

24 無機物　24 感受性

知・技	思・判・表	合計
/16	/34	/50

目標解答時間 15分

本文の展開

1【起】……よだれのイメージ
…かっこいいものではない

2【承】……よだれも口の中にあるときは違う呼び方もある

3【転】……まどさんの詩
・よだれを ①[　　] のイメージから切り離す
・人間に寄り添ういとしい存在感
・ユーモアは受け継ぐ

4【結】……まどさんの詩にあるもの
子供のままの感性

問一 漢字 傍線部㋐～㋔のカタカナを漢字に改めよ。［2点×5］

㋐ タらし
㋑ ザセキ
㋒ ハシ
㋓ キョウタン
㋔ レイコン

問二 語句 波線部a「固唾を飲む」b「眉唾もの」の意味を次からそれぞれ選べ。［3点×2］

a
ア 事件の背景を探る
イ 事の成り行きを心配する
ウ 真相を追求する
エ 事実を知り呆然《ぼうぜん》とする

b
ア 理屈が通るもの
イ とても珍しいもの
ウ はっきりうそとわかるもの
エ 真偽の疑わしいもの

問三 内容 傍線部①は、何の、どのような様子を述べているのか。適当なものを次から選べ。［5点］

ア よだれの、眠りを妨げないよう口元にとどまる様子。
イ いねむりの、眠りが続くように静かに息をする様子。
ウ 夢の、深い眠りにつけるようそっと見守る様子。
エ よだれの、早く目が覚めるよう心から祈る様子。
オ いねむりの、いい夢が見れるように願う様子。

問四 内容 傍線部②とほぼ同じ内容を述べている部分を、本文中から十五字以内で抜き出せ。［5点］

問五 表現 傍線部③はどの単語にかかっているか。その単語を本文中から抜き出せ。［4点］

問六 内容 傍線部④とあるが、何がつながっているのか。本文中から二十字以内で抜き出せ。［5点］

問七 主題 本文の内容と合致するものを次から選べ。［5点］

ア まどさんは詩で、よだれをだらしないものとして描いた。
イ まどさんの中には、子供の感性が変わらず息づいている。
ウ まどさんは、よだれをユーモアから切り離して描いた。
エ アニミズムとは、擬人化表現の一種である。
オ アニミズムの考え方は、大人の詩にのみ用いられる。

無機物さえも命あるものと感じ取る感受性 ≠擬人化
＝
＝ ② の考え方

▼1 空欄①・②にあてはまる語句を本文中から抜き出せ。［3点×2］
▼2 詩の中でのよだれのイメージが最も詳しく説明されている段落を次から選べ。［4点］
ア 1段落　イ 2段落
ウ 3段落　エ 4段落

9 大富橋《おおとみばし》　橋本《はしもと》 紡《つむぐ》

▶ 本文を読む前に

知・技	思・判・表	合計
/16	/34	/50

目標解答時間 20分

[1] 夜中、トイレに起きたとき、両親の話を聞いてしまったことがあった。

「裁断機が壊れたら――。」

「大谷さんからの売り掛けが回収できなかったら――。」

「口座に三十万円はないと手形が――。」

階段に立ったまま、陸《りく》は［　A　］。事情はだいたいわかった。問題は山積しているのに、解決策は幸運しかなかった。裁断機が壊れず、大谷さんからの売り掛けが回収できて、三十万円㋐工面すれば、①今月は乗り切れる。

だけど来月は？

再来月は？

そのあとは？

私立高校に通うための費用を、陸はもちろん調べていた。とんでもない額だった。たった三十万円に頭を㋑ナヤませている両親に、その額を話すことなんて無理だ。公立高校に進めるかどうかもあやしいのではないか。

[2] ②なのに受験勉強を続けているのは、なぜなんだろう。嘉人《よしと》と一緒に歩きながら陸は考えた。㋒諦めきれないだけなのか。ありもしない奇跡を願っているのか。

そんなことを考えていたせいか、堤防に着くまで、陸は一言も口にしなかった。嘉人もなぜか黙っていた。

堤防にはところどころ、鉄製の階段が設置されている。その階段を上りきると、嘉人が声を漏らした。

「お、きれいだな。」

振り向き、嬉《うれ》しそうに笑った。周りからはとんでもないワルだと思われているけど、嘉人は子供みたいに笑うんだ。それで陸の顔もまた、［　B　］。嘉人と一緒なら、子供のように笑うことができた。目の前にあるのは隅田川《すみだがわ》だ。右手に新大橋《しんおおはし》が、左手に清洲橋《きよすばし》が見える。向こう岸には高層ビルが建ち並んでいた。

[3] 陸たちにとって、対岸の風景は、別世界そのものだった。

---

3 **売り掛け**…後日、受け取ることを約束した商品の代金。

4 **手形**…ここでは、陸の両親が支払いを約束した証書。

重要語句

5 山積　6 工面　34 転々とする　34 内職

本文の展開

[1] **【陸の現状】**……

両親の話

①［　　］が山積しているのに、解決策は幸運しかない

- 私立高校に通うための費用を親に話すなんて無理
- 公立高校もあやしい

⇔ **なのに**

受験勉強を続けているのはなぜか

川を一本挟んでいるだけだし、距離にしたら一キロもないだろう。橋を渡れば数分でたどり着く。なのに、どれほど手を伸ばしても、高層ビルの光には届きそうもなかった。嘉人の言うように、新しいビルが建設中だ。作業は続いているらしく、骨組みのあちこちに、照明が㋓トモっていた。

「近いんだよな、本当は。」

嘉人がぽつりと漏らした。その意味を、陸はそっくり理解した。同じことを考えていたからだ。

そうだな、と頷《うなず》いた。

「一キロも離れてないよ。今から清洲橋を渡ったら、五分かそこらで着く。」

「ああ、たったの五分だ。」

風が吹いた。㋔シオの香りがした。大きな船と、小さな船が、上流へ向かっていった。

「俺、すごく長い五分に思える。」

「③永遠みたいだよ。」

4 陸の家と同様、嘉人の家も貧乏だった。嘉人の父親はこの辺りの工場を転々としていて、母親は内職をしている。小さな金具に、プラスチックの輪と、金属のネジを押し込んで、ゴムハンマーで叩《たた》くのだった。一個七円。一日に作れるのは五百個から七百個だそうだ。母親が内職していることを、嘉人は隠していた。家同士の付き合いがある陸はもちろん知っているけど、嘉人は他の連中には決して話さない。誰かにボコボコにされることより、誰かをボコボコにすることより、嘉人にとっては母親の内職がばれる方が怖かったんだろう。その気持ちが、陸にはよくわかった。陸もまた、両親が三十万円の工面に困っていることなんて、誰にも話せなかった。

2【陸の心中】………受験勉強を続けている理由

← ●諦めきれないだけなのか

●ありもしない［②　　］を願っているのか

3【目にした光景】………高層ビルの建ち並ぶ対岸の風景

＝ 別世界→本当は近い ↔ 永遠にたどり着けないかのよう

4【二人の境遇】………陸の家と同様、嘉人の家も貧乏だった

嘉人 父親…工場を転々 母親…内職 ← 他の連中に決して話さない

陸 両親…三十万円の工面に困る ← 誰にも話せなかった → 嘉人の気持ちがよくわかった

問一 漢字 傍線部㋐〜㋔のカタカナを漢字に改め、漢字には読みを示せ。［2点×5］

㋐ **工面**
㋑ **ナヤ**ませて
㋒ **諦**め
㋓ **トモ**って
㋔ **シオ**

問二 語句 波線部「そっくり」の意味を次から選べ。［2点］

ア 非常によく似ているさま
イ 欠けることのないさま
ウ 非常に明快であるさま
エ 全く同じであるさま

問三 語句 空欄A・Bに入る語句を次からそれぞれ選べ。［2点×2］

A
ア 耳をそろえた
イ 耳を貸した
ウ 耳をそばだてた
エ 耳を疑った

B
ア 引きつった
イ 赤らんだ
ウ かがやいた
エ ほころんだ

問四 内容 傍線部①を、陸はどんな結果だと考えているか。次の文の空欄にあてはまる語句を本文中から二字で抜き出せ。［4点］

とても□な結果。

▼**1** 空欄①・②にあてはまる語句を本文中から抜き出せ。［3点×2］

▼**2** 次の図の空欄にあてはまる語句の組み合わせを次から選べ。［4点］

高層ビルの光＝③の象徴
↕ 対比
陸や嘉人が直面する④

ア ③＝豊かさ ④＝貧しさ
イ ③＝未来 ④＝過去
ウ ③＝永遠 ④＝一瞬
エ ③＝友情 ④＝別れ

問五 内容 傍線部②とあるが、ここにこめられた陸の心情の説明として適当なものを次から選べ。［5点］

ア 目的を完全に見失って、投げやりになっている。
イ 徒労感を抱きつつも、望みを捨てきれずにいる。
ウ 自分の状況を悲観し、すべてを断念している。
エ 自分の行為に疑問を抱き、不安を感じている。
オ わずかな希望の実現性を信じ、楽観的になっている。

問六 内容 傍線部③から、陸たちが何をどのように感じていることがわかるか。次の文の空欄a・bにあてはまる語句を、aは五字、bは三字で本文中から抜き出せ。［5点×2］

歩いてたった五分の距離にある a が、永遠にたどり着けない b であるかのように感じている。

a
b

問七 主題 本文は陸たちのどのような心情を描いているか。適当なものを次から選べ。［5点］

ア 貧しい生活に負い目を感じることなく、希望を抱いている。
イ 現実から目を背け、豊かな生活に憧れを抱いている。
ウ 貧しいながらも楽しい人生に、幸せを感じている。
エ 自らの境遇に引け目を感じ、理不尽に思っている。
オ 過酷な現実に絶望し、生きる気力を失っている。

10 「上から目線」の構造

榎本博明《えのもとひろあき》

▶ 本文を読む前に

[1] 心理学者ギャラップは、チンパンジーのいる部屋に鏡を置いてみた。［ A ］、チンパンジーは、鏡の中に映る自分の姿を他者と見なしているかのような反応を示した。鏡像に向かって跳びはねたり、声を出したり、a威嚇したりした。［ B ］、①そのような反応は2〜3日で急減し、それに代わって直接見えない自分の身体の部分の毛づくろいをしたり、歯の間に㋐挟まった食べかすをほじくったり、泡を吹いて㋑フクらませたり、鏡に向かっていろんな顔つきをするなどの反応が急速に増えていった。鏡に映る姿が自分の映しだということを理解しているかのような反応だった。

[2] チンパンジーが自分の鏡像をほんとうに理解しているのかどうかを確認するために、ギャラップは、10日間鏡に慣れさせた後の11日目に、チンパンジーを㋒麻酔で眠らせておいて眉毛や耳の上に無臭の赤い㋓センリョウを塗り、目が覚めてから、鏡がないときと鏡を入れてからの反応を比較した。

[3] その結果、鏡を入れることによって、赤い印のついた自分の身体の部分を触る反応が25倍に増えることがわかった。このことは、鏡像が自分の姿の映しだということを理解している証拠と言える。チンパンジーともなると、自分の鏡像を理解し、利用することができるのである。

[4] ところが、②生後まもなく隔離して育てられたチンパンジーは、仲間と一緒に育てられたチンパンジーと違って、自分の鏡像を理解できないことがわかった。鏡を入れても、赤いしるしのついた自分の身体の部分を触る反応は増えないのだ。ここからわかるのは、自分の鏡像を理解するためには、他者との視線のやりとりを十分に経験しておく必要があるということである。

[5] 自己像を認知するということは、他者がこちらを見るように自分自身を見ることである。つまり、他者のまなざしを取り入れることだ。「他の人たちから見ると、自分はこんなふうに見えるんだ」ということがわかるということである。

[6] それができるようになるには、他者に向ける自分のまなざしと自分に向けられる他者のまなざしのやりとりを十分に経験しておくことが㋔ゼンテイとなる。それがあって初めて、「自分が他者を見るように、他者も自分を見ている」ということが実感をもって理解できるようになるのだ。自分の姿は、自分の目に映る

知・技	/14
思・判・表	/36
合計	/50

目標解答時間 20分

重要語句

2 鏡像　13 隔離　17 認知　18 まなざし　24 有益

本文の展開

【具体例】チンパンジーの鏡像実験

チンパンジーのいる部屋に鏡を置く

← 鏡に映る姿が自分の映しだということを理解しているかのような反応

← **チンパンジーともなると、自分の鏡像を理解し、利用することができる**

↔ **隔離して育てられたチンパンジーは、自分の鏡像を理解できない**

← 自分の鏡像を理解するためには、他**者との**［ ① ］**のやりとり**を十分に経験しておく必要がある

他者の姿のように、他者の目には映っている。そのことを理解するのである。

7 チンパンジーの鏡像実験は、私たちの自己理解に関して、有益なヒントを与えてくれる。私たちは、いろんな人とのやりとりを通して、「他の人たちから見ると、自分はこんなふうに見えるんだ」ということがわかるようになる。これは、身体像だけにあてはまるものではない。自分がどんな性格かといった内面の自己像も、「人からどのように見られているか」を知ることによってつかんでいくものなのである。

8 このことを社会学者クーリーは、「他人の目に映ったものが自己である」と表現している。「人からどのように見られているか」が自己だというのである。他人を鏡にして映し出された姿が自己であるという意味で、クーリーは、「鏡映自己」という捉え方をしている。私たちは、③他人を鏡にして自己を知るのである。

9 他人がこちらのことをどう思うかが自己だなんて納得いかないという人もいるだろう。では、あなた自身の性格について考えてみよう。あなたが抱いている性格的特徴について、それが自分の特徴だということは、どうしてわかるようになったのだろうか。小さいころから、親から「あなたはb優柔不断な子だね。」と言われる。学校で先生から「あなたは迷いながらじっくり考えるタイプね。」と言われる。友達から「早く決めろよ、お前は決断力がないから一緒にいてイライラする。」と言われる。そうした経験を通して、「自分は優柔不断であれこれ迷う決断力のない性格だ」という自己理解ができあがっていく。かかわりのある周囲の人たちから突きつけられたコメントから自己像が組み立てられていく。そんな感じなのではないだろうか。

【具体例の分析】

自己像を認知するということは、他者がこちらを見るように自分自身を見ること

➡ 他者に向ける自分のまなざしと自分に向けられる他者のまなざしのやりとりを十分に経験しておく必要がある

➡ 人間はいろんな人とのやりとりを通して「人からどのように見られているか」を知ることで自己像をつかむ

＝「鏡映自己」（社会学者クーリーの捉え方） ⬅ 別の角度から捉える

【補論】

自身の性格 ⬅ かかわりのある周囲の人たちから突きつけられた ②［　　　］ ⬅ 自己像が組み立てられる

問一 漢字 傍線部㋐〜㋔のカタカナを漢字に改め、漢字には読みを示せ。〔2点×5〕

㋐ **挟**まった
㋑ **フク**らませ
㋒ **麻酔**
㋓ **センリョウ**
㋔ **ゼンテイ**

問二 語句 波線部a「威嚇」b「優柔不断」の意味を次からそれぞれ選べ。〔2点×2〕

a
ア 大声で叫びほえること
イ 強くにらみつけること
ウ 攻撃を加えること
エ 威力を示して脅すこと

b
ア 意志が弱いさま
イ 理解が遅いさま
ウ 決断が早いさま
エ 移り気なさま

問三 文脈 空欄A・Bに入る語を次からそれぞれ選べ。〔2点×2〕

ア つまり　イ だが
ウ すると　エ さらに

A　B

問四 理由 傍線部①とあるが、それはなぜだと考えられているか。次の文の空欄にあてはまる語句を本文中から七字で抜き出せ。〔4点〕

鏡像が□だと理解したから。

問五 理由 傍線部②の理由を二十五字以内で答えよ。〔6点〕

問六 内容 傍線部③とはどういうことか。次の文の空欄にあてはまる語句を二十字以内で答えよ。〔6点〕

私たちは□ことによって自己像をつかむということ。

問七 主題 本文に述べられている筆者の考えとして適当なものを次から選べ。〔6点〕

ア 人は他者の視線にとらわれずに内面を成長させていく。
イ 人は他者との関係の中で自己像を理解していく。
ウ 人は自己を理解することで他者との関係を築いていく。
エ 人は自分自身を理解することで成長していく。
オ 人は他者の意見に従って自己を形成していく。

▼**1** 空欄①・②にあてはまる語句を本文中から抜き出せ。〔3点×2〕

▼**2** 本文を右のように三つの意味段落に区切るとき、適当な分け方を次から選べ。〔4点〕

ア 1 2／3〜7／8 9
イ 1〜3／4〜7／8 9
ウ 1〜3／4〜8／9
エ 1〜4／5〜8／9

11 階段をのぼるとき

辻村深月《つじむらみづき》

▶本文を読む前に

知・技	/14
思・判・表	/36
合計	/50

目標解答時間 15分

[1] 大学四年生の時のことだ。

[2] 映画を観終えた後、友達と入った渋谷《しぶや》のカフェで、①私は彼の顔をまともに見ることができなかった。

[3] 当時、私たちはともに大学を卒業する節目(a)の時期に差しかかり、これから先の進路を悩んでいる最中だった。私は小説家になりたくて、彼は漫画家志望。――私は故郷に戻って就職することを、その前の週に決めたばかりだった。[A]わけではなく、「地に足をつけて夢を見たい」と願った結果だったのだが、どうにもこうにも後ろめたく、彼にどう話していいかわからなかった。

[4] 卒業後も創作(ア)ジュウシでやっていくであろう彼に対し、自分はあまりにも②軟弱な決断をしているんじゃないだろうか、バカにされないだろうか、軽蔑されないだろうか――。彼を裏切ってしまうような気持ちすらして、とにかく、(イ)怖かった。

[5] 進路を打ち明ける口実(b)に(ウ)サソった映画『リリイ・シュシュのすべて』が恐ろしくよかったのも、私がためらう気持ちに拍車をかけた。ここで描かれているような世界や(エ)ケシキ、表現を手に入れることもなく、自分の人生が終わってしまうのではないかと考えたら、大げさでなく、吐き気がしそうに苦しかった。

[6] 自分ではそれでも普通にしていたつもりだったのだが、ご飯を食べている最中に彼がふっと顔を上げ、「あのさ」と私に言った。

「きちんといつもみたいに目を見て話をしろよ。らしくないぜ」

[7] びっくりした。彼はふだんは話し言葉が(オ)丁寧なほうで「〜ぜ」なんて言い方をされたのは初めてだった。

[8] この言葉に背中を押されたように、私は自分の決断について話した。聞き終えた彼は「そっかぁ」と少し寂しそうにほほえんで「でもどうせ書くんでしょ？」と言ってくれた。

[9] 振り返ればとても些細《ささい》なエピソードだが、当時の私があの日、どれだけ③彼の言葉にほっとしたか。思い出すたび、今も小説を書いていられることを、心から幸せに感じる。

11 **拍車をかけた**…一段と進行を早めた。

重要語句

5 地に足をつけて　6 後ろめたく　7 軟弱　15 らしくない　19 些細

本文の展開

[1][2]【起】……大学四年生の私…彼の顔を見られなかった

[3]〜[5]【承】……
彼…漫画家志望、卒業後も創作ジュウシ
◯
私…小説家志望、卒業後は就職 ＝ 地に足をつけて夢を見たい
⬅ 就職することを打ち明けられない
軟弱な決断、軽蔑される、彼を [①] しまう

[6]〜[8]【転】……「目を見て話をしろよ。らしくないぜ」
⬅ 背中を押され、自分の決断を話す
⬅

問一 **漢字** 傍線部㋐〜㋔のカタカナを漢字に改め、漢字には読みを示せ。［2点×5］

㋐ **ジュウシ**

㋑ **怖**かった

㋒ **サソ**った

㋓ **ケシキ**

㋔ **丁寧**

問二 **語句** 波線部a「節目」b「口実」の意味を次からそれぞれ選べ。［2点×2］

a
ア 季節の終わりや年の暮れ
イ 物事の区切りとなる点
ウ 何かを行うのにいい時
エ 重要な行事を行う日

b
ア 正当化するための言い訳
イ 決まって用いる文句
ウ 口先のうまい言い回し
エ 言い方から推察できる本心

問三 **文脈** 空欄Aに入る語句を次から選べ。［4点］

ア 夢を語る　**イ** 夢を託す
ウ 夢を描く　**エ** 夢を諦める
オ 夢を追う

問四 **理由** 傍線部①とあるが、それはなぜか。適当なものを次から選べ。［6点］

ア 観終えたばかりの映画がすばらしく、余韻に浸っていたから。
イ 卒業後の進路を決めることができない自分と異なり、彼はすでに進路を決めていたから。
ウ 彼とは異なり、創作活動を進路に選ばなかったことで気後れしていたから。
エ 本心とは全く異なる進路選択をした自分自身を情けなく感じていたから。
オ 大学卒業後は離れ離れになることを勝手に決めてしまったから。

問五 **内容** 傍線部②とあるが、どういうところが「軟弱」なのか。次の文の空欄a〜cにあてはまる語句を、aは八字、bは三字、cは一字で本文中から抜き出せ。［3点×3］

［a］しながら、［b］になるという［c］を持ち続けようとしたところ。

a
b
c

問六 **主題** 傍線部③とあるが、それはなぜか。適当なものを次から選べ。［7点］

ア 進路を決断できずに苦しんでいた私の心中を察して、彼が話を引き出してくれたから。
イ 彼がふだんとは異なる口調で、私が夢を捨てそうになったのを引き止めてくれたから。
ウ 自分の心の中に負い目があっても、相手の目を見て話すことの大切さがわかったから。
エ 自分が小説家になる夢を捨て、就職を第一希望にしたことを彼に共感してもらえたから。
オ 就職しても小説家になる夢を諦めないでよいと、自分の心の中で肯定することができたから。

「でもどうせ書くんでしょ？」
⬇
9 **【結】** 彼の言葉にほっとした
＝
小説を書いていられる今の自分に［②］を感じる

▼**1** 空欄①・②にあてはまる語句を本文中から抜き出せ。［3点×2］

▼**2** ◯にあてはまる彼と私の関係を表す記号を次から選べ。［4点］

ア ⬅（因果関係）
イ ⟷（対比関係）
ウ ＝（類比関係）

12

図書室の海

恩田《おんだ》　陸《りく》

▶ 本文を読む前に

[1] 志田啓一《しだけいいち》の読んでいた本を探してみようと思い立ったのは、単なる思いつきに過ぎなかった。

彼が卒業してからもう半年以上経《た》つのだし、①高校生にとって卒業生というのは、正直言って半分死んだ人みたいなものだと思う。自分が㋐ザイセキするこの場所、この三年間だけが世界の中心で、ここだけが色を持って存在しているような感じだ。その㋑シュウヘンにある家族や町や、ニッポンや海外は単なる背景に過ぎない。

[2] ②その中で、高校三年の関根夏《せきねなつ》は③退屈していた。

いや、退屈という言葉は a語弊がある。彼女は落ち込んだり、すねたり、憂鬱になったりといったマイナスの気分になる娘ではないのである。常に優秀な頭脳と㋒コウキシンを持って世界を見、柔軟な精神は着々と世界に出る準備を重ねている。㋓ヨウシだって、この年ごろの娘ならば、かなりうぬぼれても許される程度のものは持っている。④問題なのは、彼女はこの年ごろの娘にしては——いや、彼女の場合、幼いころからそうだったのだが——b いささかバランスが取れ過ぎており、自分を含め誰に対しても客観的な視点を持ち過ぎているということなのだ。

[3] 彼女は幼いころから、薄々気づいていた。自分が物語のヒロインにはなれないということを。

主人公になれるのは、㋔ユれている者だけだ。さざなみのようにきらきら瞬いて、光る部分と影の部分とを持っている者だけが主人公になれる。物語というものがどんな形であれ主人公の成長をテーマにしている以上、この条件はおそらく今後も変わることはあるまい。つまり、自分のように悩まぬ者、失敗しない者はヒロインになることはないのだ。なにしろ、お話にしても語るべきエピソードがなさすぎる。

知・技	/14
思・判・表	/36
合計	/50
目標解答時間	15分

重要語句

1 ～に過ぎない　7 憂鬱　8 着々

本文の展開

[1]【導入】……
- ［①］で志田啓一の読んでいた本を探す
- 卒業生は高校生にとって、単なる背景に過ぎない

[2]【展開①】……
- ●関根夏
- マイナスの気分にはならない
- 優秀な頭脳、柔軟な精神
- 客観的な視点を持ち過ぎる

[3]【展開②】……
- ●物語の主人公＝物語のヒロイン
- ユれている者
- 光る部分と影の部分を持っている者
- ●夏
- 悩まず、［②］しない
- 語るべきエピソードがない

問一 漢字 傍線部㋐〜㋔のカタカナを漢字に改めよ。〔2点×5〕

㋐ ザイセキ
㋑ シュウヘン
㋒ コウキシン
㋓ ヨウシ
㋔ ユれて

問二 語句 波線部a「語弊がある」b「いささか」の意味を次からそれぞれ選べ。〔2点×2〕

a
ア 用語が適切でないために誤解を招くこと
イ 言葉遣いの誤りを非難されること
ウ 用語の不備を指摘されること
エ 言葉の意味を誤って覚えること

b
ア 全く　イ とても
ウ ちょうど　エ 少し

問三 指示 傍線部①とはどういうことか。次の文の空欄にあてはまる語句を本文中から十字で抜き出せ。〔4点〕

高校生にとって卒業生というのは、□ということ。

問四 内容 傍線部②とあるが、どのような「中で」か。最も適当なものを次から選べ。〔5点〕

ア 志田啓一の読んでいた本を探してみようと思い立ち、熱心に取り組んでいる中で。
イ 高校生にとっては、自分の学校、高校三年間だけが世界の中心だと感じられる中で。
ウ 志田啓一が卒業して半年以上が経ち、夏が彼のことを忘れかけようとしている中で。
エ 卒業した志田啓一も、高校生だった当時は自分が世界の中心だと思っていたのかを確かめようとする中で。
オ 夏にとって、家族や町や、ニッポンや海外が特別な存在だと感じられる中で。

問五 理由 傍線部③とあるが、なぜ退屈していたのか。解答欄に合う形で本文中から十六字で抜き出せ。〔5点〕

□から。

問六 内容 傍線部④とあるが、どういうことが「問題」なのか。本文中から三十字以内で抜き出し、初めと終わりの五字で答えよ。〔6点〕

□〜□

問七 主題 右の文章において、関根夏の現状はどのように描かれているか。最も適当なものを次から選べ。〔6点〕

ア 高校三年生として受験勉強に励み、自分のまわりのことに気遣っている暇がない。
イ 高校三年生としてはおもしろみのない日常生活の中で、興味が持てるものを探している。
ウ 高校三年生として、残り少ない高校生活を充実したものにしようと努力している。
エ 高校三年生として、思いつきで行動しないように気をつけている。
オ 高校三年生であるにもかかわらず、読書ばかりして他のことに関心が持てない。

▼1 空欄①・②にあてはまる語句を本文中から抜き出せ。〔3点×2〕
▼2 ◌にあてはまる、「物語の主人公」と「夏」の関係を表す記号を次から選べ。〔4点〕
ア ＝（同義関係）
イ ≒（類似関係）
ウ ⟷（対立関係）

13 椅子《いす》と日本人のからだ

矢田部英正《やたべひでまさ》

▶ 本文を読む前に

知・技	/14
思・判・表	/36
合計	/50

目標解答時間 15分

1 そもそも家というものは、そこに棲《す》まう人々のものの見方や感じ方を根本的なところで育てる役割を果たしていて、たとえば①高い目線から庭を俯瞰《ふかん》すると、その全体像を㋐ハアクするのには都合がいい。しかし、庭を構成する石の存在感や空間の奥行き、そこに流れる空気の㋑シツカンまでも味わおうとするのであれば、庭の片隅に座ってその空間に身をゆだねてしまうのがいい。ことに風雅な日本の芸術家たちにとって、「造化の妙」というのはa至高の価値を持っていて、家屋の意匠にも外界の自然と親しく交わり、自然を上手に取り入れるための努力がさまざまな形で払われてきた。室内と庭とを隔てない縁側の意匠は②その最たるもので、家にいながらにして自然を体感できる㋒ソウチにもなっている。

2 この詩的な空間に人間の入り込む余地があるとすれば、その姿勢は必ず床坐《しょうざ》でなければならない。③日本家屋にこめられた諸々の意匠や空間スケールのバランスは、かつて日本人が事物の鑑賞に際して立って行うという作法を持たなかったことを㋓如実に物語っていて、その緻密《ちみつ》に計算された空間の調和は、不作法に突っ立っていられたならば、［ A ］しまう。

3 古来禅の提唱してきた「座ることのススメ」は、宗教的な修行・養生法であるだけにとどまらず、庭を眺め、人と対話し、自分をとりまく世界と正しく向き合うための基本姿勢としての［ B ］きた。結局、それは床と柱と天井とによって構成される室内空間のモジュールを定める基礎にもなり、日本人の生活空間を詩的に構成する土台にもなっていた。歴史の所々で椅子やテーブルが渡来したときにも、初めは珍しくて㋔重宝がっていても、しばらく使っているうちに、どうも落ち着かない、くつろげない、b肚《はら》がすわらない、などという違和感が気になって、④結局は伝統的な日本文化からは排除されてしまったのではないだろうか。

4 **造化**…創造神によってつくられたもの。天然。自然。

14 **モジュール**…システムを構成する要素となるもの。

重要語句

2 俯瞰　4 風雅　5 意匠
10 如実　10 緻密　12 養生

本文の展開

1 **【家が育てる感性】**……
家……ものの見方や感じ方を育てる

日本の芸術家　「造化の妙」は至高

家屋の意匠に自然を取り入れる努力

←

室内と庭とを隔てない
家にいながら自然を体感できる
①［　　］

2 **【日本家屋が生んだ作法】**……
鑑賞に適した姿勢は②［　　］

● 日本家屋にこめられた意匠や空間スケールのバランス
● 緻密に計算された空間の調和

問一 漢字 傍線部㋐〜㋔のカタカナを漢字に改め、漢字には読みを示せ。［2点×5］

㋐ ハアク

㋑ シツカン

㋒ ソウチ

㋓ 如実

㋔ 重宝

問二 語句 波線部a「至高」b「肚がすわらない」の意味を次からそれぞれ選べ。［2点×2］

a
ア やっとたどり着くこと
イ この上なくすぐれていること
ウ とても品がいいこと
エ 勢力が強いこと

b
ア 頼りない **イ** 怒りを感じる
ウ 気持ちが沈む
エ 同情心にかられる

問三 文脈 空欄A・Bに入る語句を次からそれぞれ選べ。［2点×2］

ア まるで台なしになって
イ 嫌がられて **ウ** 貢献をして
エ 役割を担って

A B

問四 内容 傍線部①と対比的な態度を本文中から二十五字以内で抜き出し、初めと終わりの三字で答えよ。［6点］

〜

問五 指示 傍線部②の内容として適当なものを次から選べ。［5点］

ア 日本の芸術家にとって至高の価値を持つもの。
イ 庭に漂う詩的な雰囲気がとてもよく出ていること。
ウ 家の中に座ったままで自然を味わえること。
エ 自然と交わり、自然を取り入れる工夫が一番よく表れたもの。
オ 家の中と外とを隔てていないこと。

問六 内容 傍線部③とあるが、このことの基本にあるのはどのようなことか。本文中から漢字二字で抜き出せ。［5点］

問七 主題 傍線部④とあるが、座るという姿勢が日本人にとってどういうものであったかを説明した箇所を、本文中から三十五字以内で抜き出し、初めと終わりの三字で答えよ。［6点］

〜

3 **【日本人の基本姿勢】**……………

禅の提唱する「座ることのススメ」
● 宗教的な修行・養生法
● **自分をとりまく世界と正しく向き合うための基本姿勢**

⟷ 椅子やテーブル

⬅ 伝統的日本文化は排除

▼**1** 空欄①・②にあてはまる語句を本文中から抜き出せ。［3点×2］

▼**2** ◌にあてはまる記号を次から選べ。［4点］

ア ⬅（因果関係）
イ ⟷（対比関係）
ウ ＝（同義関係）

14 生命のネットワーク

毛利《もうり》 衛《まもる》

1 ネットワークを形づくり、たがいにつながるということは、生命体が生き延びるための大ゼンテイ(ア)であると私は考えます。生命のトクチョウ(イ)は、個がネットワークを形成して、他者と情報交換することです。ここで言う「情報」とは、個の生存を可能にする知識や経験の総体です。［A］、花の色や匂いは、そうした「情報」の一種といえます。花は、花粉の媒介者(a)である昆虫にたいして、自分の色や匂いを伝達することで生き延びていきます。

2 地球の生命は情報交換によって、四十億年もの間、トダ(ウ)えることなく現在までつながってきました。逆にいえば、生命が時間的・空間的につながっていけるかどうかは、個と個がどれだけ情報を分け与えあい、共に全体として生きられるか否かにかかっているということです。

3 生命としてまず一番大切なことは「生きる」ということです。もっと言えば、「自分が生きる」ということです。「個が生きる」ためには、いまお話をしたように、①他者とネットワークでつながることが必要です。そうしてたがいに生存に関わる情報を伝え合い、生き延びていく。「生きる」とは、コンゲン(エ)的にはそういうことだと私は考えます。

4 まず「自分が生きる」、そして「他者と生きる」、それがあって初めて、生命を次の世代につなぐことができます。つまり、「生きる」ということには、他者と空間的につながることと、後の世代と時間的につながること、という二つの意味があるのです。

5 この十年で携帯電話、インターネットが急速にサカ(オ)んになり、個人と個人とがグローバル(b)に、国や文化に関係なく情報交換をする方向に向かっています。これは、人類が個々人すべての智恵《ちえ》を総動員しなければ、もう持続的に生き延びられないと直感的に察知し、種全体として生き延びようとしていることを意味するのではないか。私にはそう思われます。

6 ところがその一方で、人類（ホモサピエンス）はいま、己の力を過信し、四十億年にわたる「生命のつながり」から自分自身を切り離そうとしているように、私には見えます。「生命のつながり」を忘れ、人類という特定の生物種だけが繁栄しても、生き延びることはできません。私たち人類はいま、②そういう事態

▶ 本文を読む前に

知・技	/16
思・判・表	/34
合計	/50

目標解答時間 15分

重要語句

8 ～か否か
18 種
23 直面

本文の展開

1【序論】ネットワークを形づくり、たがいに情報交換してつながる
＝
生命が生き延びるための大前提

2～4【本論】地球の生命…情報交換によって生き延びる

「生きる」＝
- 他者と空間的につながる
- 後の世代と［①］につながる

5 6【結論】グローバルに情報交換をする方向に向かっている

↔ ●ところがその一方で

己の力を過信して「生命のつながり」から自分自身を切り離そうとする

⇦ 人類だけが［②］しても生き

に直面しているのだと思います。

問一 漢字 傍線部㋐〜㋔のカタカナを漢字に改めよ。 〔2点×5〕

㋐ **ゼンテイ**

㋑ **トクチョウ**

㋒ **トダ**える

㋓ **コンゲン**

㋔ **サカ**ん

問二 語句 波線部a「媒介」b「グローバル」の意味を次からそれぞれ選べ。 〔3点×2〕

a
ア ものを運ぶこと
イ 手段となること
ウ 仲立ちをすること
エ 間に入ること

b
ア 地球規模の
イ 自由な
ウ 国家間の
エ 多種多様の

問三 文脈 空欄Aに入る語を次から選べ。 〔4点〕

ア なぜなら　**イ** さらに
ウ たとえば　**エ** しかし

問四 内容 傍線部①とあるが、なぜそう言えるのか。次の文の空欄にあてはまる語句を本文中から十八字で抜き出せ。 〔6点〕

生命体は、他者とネットワークでつながることにより、[　　]である「情報」を交換して生き延びてきたから。

延びることはできない

▼**1** 空欄①・②にあてはまる語句を本文中から抜き出せ。 〔3点×2〕

▼**2** 5段落と6段落の関係として適当なものを次から選べ。 〔4点〕

ア 順接の関係
イ 逆接の関係
ウ 並列の関係

問五 主題 傍線部②とは、どのような事態か。次の文の空欄にあてはまる語句を、「力」という語を用いて三十字以内で答えよ。 〔7点〕

人類が[　　]ことによって、生存が危ぶまれるような事態。

問六 内容 本文の内容と合致するものを次から選べ。 〔7点〕

ア 個が生きることを優先すると種全体の生存が危うくなる。
イ 他者と空間的につながることと後の世代と時間的につながることは同時に達成できない。
ウ 人類が情報交換のグローバル化を進めることも生き延びるための方法である。
エ 情報技術の進化により人間自身が生存の危機に陥ることになる。
オ 人類が生き延びるには他の生命を保護する必要がある。

15 わたしの哲学入門

竹田青嗣《たけだせいじ》

本文を読む前に

重要語句
1 科学　1 酷似　1 あたかも
2 錯覚　13 飼いならす
15 博識

知・技	/14
思・判・表	/36
合計	/50

目標解答時間 15分

1 哲学の作業は一見科学の作業に㋐酷似しており、したがってそこに、哲学を読むことは、あたかも①科学的な「学問」のように哲学を学ぶことだと錯覚される㋑ヨチができてしまう、ということなのである。

2 カントは、人は哲学することを学び得るだけで哲学を学ぶことはできない、と言ったわけだが、もっと㋒セイカクに言うと、人はちょうど科学的な学問のように哲学を学ぶこともできるが、しかしそのことには意味がない、ということだ。②「哲学すること」、それが哲学のa本領なのだが、わたしたちはしばしば哲学を学ぶことに意味があると思ってしまう。そうではなくて、さまざまな哲学者の哲学を学ぶことを通して「哲学すること」を学ぶときに、哲学はその本来的な意味を生かすのである。

3 では、哲学とは本来どういうものなのか。わたしはこの本で、この問いに自分なりの答えを与えたいと思っているのだが、b今箇明に次のように言っておきたい。

4 哲学とは、要するに、自分で自分を深く知るための一つの技術《アート》である。［A］、自分と世界（他人や社会を含む）との関係を深く知るための技術である、と。

5 哲学を学ぶとは、③哲学者の学説を学ぶことではなくて、それを通してこの技術を自分の中で大切に育て上げることだ。わたしたちはいろんな知識を飼いならすことはできる。［B］自分について深く考えを進める技術は、育て上げるほかない。㋓優れた哲学者の哲学を読んで受け取ることができるのは、そのように㋔シリョ深く育成された知の果実であって、④飼いならされた博識ではない。これは覚えていてよいことだと思う。

本文の展開

1 哲学の作業は科学の作業に酷似する
→ ●「哲学を読む＝哲学を学ぶ」という錯覚

2 カント
- 哲学することを学び得るだけで …… 意味がある
- 哲学を学ぶことはできない …… 意味がない

哲学の意味
哲学を学ぶことを通して「①［　　］こと」を学ぶこと

3〜5 〈筆者の考える哲学とは〉
- ●自分を深く知るための一つの技術《アート》
- ●自分と世界との関係を知る技術

問一 漢字 傍線部㋐〜㋔のカタカナを漢字に改め、漢字には読みを示せ。 ［2点×5］

㋐ 酷似

㋑ ヨチ

㋒ セイカク

㋓ 優れた

㋔ シリョ

問二 語句 波線部a「本領」b「簡明」の意味を次からそれぞれ選べ。 ［2点×2］

a
ア もともとの仕事
イ もともとの義務
ウ もともとの権利
エ もともとの特質

b
ア 簡単で要領を得ていること
イ 簡単で重みのないこと
ウ 詳しい説明が不必要なこと
エ 短い文章であること

問三 文脈 空欄A・Bに入る語を次からそれぞれ選べ。 ［2点×2］

ア そこで　イ しかし　ウ あるいは
エ さらに

A
B

問四 内容 傍線部①とは、どのようなことか。適当なものを次から選べ。 ［4点］

ア 哲学者の学説を学んで知識を整理すること。
イ 哲学者の哲学を学ぶことを通して「哲学すること」を学ぶこと。
ウ 哲学者の学説を学び、自分について考えをすめること。
エ 他者の学説を自分の説と比べること。
オ 自分と世界との関係を知ること。

問五 内容 傍線部②と対照的に使われている語句を、本文中から十字以内で抜き出せ。 ［5点］

問六 内容 傍線部③と同じ内容の語句を、本文中から十五字以内で抜き出せ。 ［6点］

問七 主題 傍線部④について、それはなぜかを説明した次の文の空欄にあてはまる言葉を、本文中の語句を用いて二十字以内で答えよ。 ［7点］

優れた哲学者の哲学は、自分について［　　］だから。

〈筆者の考える**哲学を学ぶ**とは〉

自分について深く考えを進める
［②　　］
を育て上げること

▼**1** 空欄①・②にあてはまる語句を本文中から抜き出せ。 ［3点×2］

▼**2** 本文は右のように三つの意味段落に区切ることができる。このときの論展開の説明として適当なものを次から選べ。 ［4点］

ア 問題提起―具体例の分析―主張
イ 主張―理由の提示―主張の再提示
ウ 具体例の分析―問題提起―主張
エ 問題提起―主張―補論

16 大人のいない国

内田《うちだ》 樹《たつる》

▶ 本文を読む前に

1 今、結婚に際して多くの若者たちは「価値観が同一㋐であること」を条件に掲げる。二人で愉快㋑に遊び暮らすためにはそれでいいだろう。だが、それは親族の再生産①にとっては無用の、ほとんど有害な条件である②ということは言っておかなければならない。というのは、両親が同一の価値観、同一の規範意識を持っている完全に思想統制された家庭で育てられた子供は、長じても教えられた価値観に整合する事象以外のすべてを「存在するはずのないもの」あるいは「存在してはならないもの」として意識から排除するようになるからである。

2 思想統制された国家から知的なイノベーションや創造的な芸術が生まれることがきわめて困難であることに人々はすぐに同意してくれるが、構成員が同一の価値観を分かち合う家庭からイノベーティヴで成熟した市民が育つ可能性はきわめて低いということにはほとんどの人は同意してくれない。［A］、原理的③にはこの二つは同じことなのである。

3 私たちの社会から成熟した大人が消滅㋒しつつあるのは、その当たり前のことを私たちが忘れたからである。私たちは過去半世紀にわたって躍起aとなって集団の内部から異質な価値観を［B］してきた。そして、それに成功した。だから、日本人の幼児化は制度ヒロウ㋓や機能不全ではなく、私たちの努力のすばらしい達成なのである。

4 たとえば、行政も財界も親たちも、学校教育に対して「実学」をうるさく要求してきた。「実学」というのは、平たく言えば「教育投資が短期的にかつ確実に回収される教科」のことである。どれほど学問的に有用であることが知られていても、投資した教育費をシュウショク㋔後の俸給によって短期的に回収できる見通しが立たない学問は「実学」とは呼ばれない。「実学」中心に教育を再編するということは、要するに学校内外の価値観を平準化bするということなのである。

7 **イノベーション**…全く新しい発想。新機軸。

重要語句

1 価値観　2 無用　3 規範意識　4 統制　15 財界

知・技 /14
思・判・表 /36
合計 /50
目標解答時間 15分

本文の展開

1 【具体例を通した問題提示】……

結婚条件「同一の価値観」

両親が同一の価値観・規範意識を持つ思想統制された家庭
←
両親の価値観に反する事象を［①］する子供が育つ

2 3 【問題点の分析】……

思想統制された国家…知的なイノベーションや創造的芸術が生まれにくい

同一の価値観を持つ家庭…イノベーティヴで成熟した市民が育ちにくい

日本の社会で、異質な価値観を排除してきた結果

社会から成熟した大人が消滅 ＝ 日本人の［②］

問一 漢字 傍線部㋐〜㋔のカタカナを漢字に改め、漢字には読みを示せ。［2点×5］

㋐ 同一
㋑ 愉快
㋒ 消滅
㋓ ヒロウ
㋔ シュウショク

問二 語句 波線部a「躍起となって」b「平準化」の意味を次からそれぞれ選べ。［2点×2］

a
ア 注意を払って
イ 苦労して
ウ むきになって
エ 少しずつ

b
ア 拘束する
イ 同じにする
ウ 違うようにする
エ 高めようとする

問三 文脈 空欄Aに入る語を次から選べ。［4点］

ア しかし
イ つまり
ウ もちろん
エ よって

問四 文脈 空欄Bに入る語を1段落から二字で抜き出せ。［4点］

問五 内容 傍線部①とはどういうことか。十字以内で具体的に説明せよ。［5点］

問六 理由 傍線部②とあるが、若者の結婚観が「親族」にとって有害なのはなぜか。二十字以内で説明せよ。［7点］

問七 主題 傍線部③は、何がどういう点で同じだと言っているのか。適当なものを次から選べ。［6点］

ア 思想統制や同一の価値観の強制こそが、イノベーションやイノベーティヴな市民を生み出す根源であるという点。
イ 思想統制された国家と家族全員が同じ価値観を持つ家庭とは、両者とも異質な価値観を排除するという点。
ウ 知的なイノベーションを達成するためには、国民のすべてが同一の価値観に支えられなければならないという点。
エ 国家が成熟した国民によって支えられるように、家庭も成熟した市民によって支えられるという点。
オ 思想統制された国家には創造的な芸術は必要でないように、子供の成熟は両親には邪魔になるという点。

4【　　　】……………………「実学」中心の学校教育も、学校内外の価値観の平準化の例である

▼1 空欄①・②にあてはまる語句を本文中から抜き出せ。［3点×2］

▼2 本文を右のように三つに区切るとき、三つ目の意味段落の【　　】にあてはまるタイトルとして最も適当なものを次から選べ。［4点］

ア 筆者の体験
イ 具体例による問題点の指摘
ウ 理由の提示と分析
エ 問題点に対する解決策

17 お伽草紙《とぎぞうし》(浦島さん)

太宰《だざい》 治《おさむ》

本文は、太宰治『お伽草紙(浦島さん)』の一節で、竜宮にやってきた浦島は亀と話している。

▶本文を読む前に

1「あのお方は、何かね、いつもあんなに無口なのかね。」

「ええ、そうです。言葉というものは、生きている事の不安から、芽ばえて来たものじゃないですかね。(ア)クサった土から赤い(イ)ドクきのこが生えて出るように、生命の不安が言葉を醱酵《はっこう》させているのじゃないのですか。よろこびの言葉もあるにはありますが、それにさえなお、いやらしい工夫がほどこされているじゃありませんか。人間は、よろこびの中にさえ、不安を感じているのでしょうかね。①人間の言葉はみんな工夫です。a気取ったものです。不安のないところには、何もそんな、いやらしい工夫など必要ないでしょう。私は乙姫《おとひめ》が、ものを言ったのを聞いた事がない。しかし、また、黙っている人によくありがちの、②皮裏《ひり》の陽秋《ようしゅう》というんですか、そんな胸中ひそかにb辛辣の観察を行うなんて事も、乙姫は決してなさらない。何も考えてやしないんです。ただああして幽《かす》かに笑って琴をかき鳴らしたり、またこの広間をふらふら歩きまわって、桜桃《おうとう》の花びらを口に(ウ)フクんだりして遊んでいます。実に、のんびりしたものです。」

2「そうかね。あのお方も、やっぱりこの桜桃の酒を飲むかね。まったく、これは、いいからなあ。これさえあれば、何も要らない。もっといただいてもいいかしら。」

「ええ、どうぞ。③ここへ来て遠慮なんかするのは馬鹿げています。あなたは無限に許されているのです。ついでに何か食べてみたらどうです。目に見える岩すべて(エ)珍味です。油っこいのがいいですか。軽くちょっと酸《す》っぱいようなのがいいですか。どんな味のものでもありますよ。」

「ああ、琴の音が聞《きこ》える。寝ころんで聞いてもいいんだろうね。」無限に許されているという思想は、実のところ生《うま》れてはじめてのものであった。④浦島は、風流の身だしなみも何も忘れて、仰向《あおむけ》にながながと寝そべり、「ああ、あ、酔って寝ころぶのは、いい気持《きもち》だ。ついでに何か、食べてみようかな。雉《きじ》の焼肉《やきにく》みたいな味の(オ)藻があるかね。」

本文の展開

1【亀の語り1】……

亀 言葉というものは…
生命の [①]
⇓
人間の言葉
＝みんな工夫がほどこされている

不安のないところには
いやらしい工夫は必要ない
⇓
乙姫 のんびりしている
・無口 ・何も考えていない

2【亀の語り2】……

亀 竜宮では遠慮は馬鹿げている
⇒ なぜなら
[②] に許されている
⇓
浦島 生れてはじめての思想
→酒に酔いながら寝そべる

重要語句

3 醱酵

7 皮裏の陽秋

知・技 /16

思・判・表 /34

合計 /50

目標解答時間 15分

問一 漢字 傍線部㋐～㋔のカタカナを漢字に改め、漢字には読みを示せ。 [2点×5]

㋐ クサった

㋑ ドク

㋒ フクんだり

㋓ 珍味

㋔ 藻

問二 語句 波線部a「気取った」b「辛辣」の意味を次からそれぞれ選べ。 [3点×2]

a
ア 察知する
イ 心配りをする
ウ 思わせぶりにする
エ 体裁を飾る

b
ア 無意味な
イ 手きびしい
ウ 意地の悪い
エ いやらしい

問三 内容 傍線部①とあるが、どういう意味で亀はこのように言ったのか。適当なものを次から選べ。 [5点]

ア 人間の言葉は不安をかきたてるので、それを取り繕うための工夫がなされているという意味。
イ 人間の言葉は不安からのがれるためのものなので、その工夫はたかが知れているという意味。
ウ 人間の言葉は不安に満たされているので、いくら工夫してもまともなものにはならないという意味。
エ 人間の言葉は生命の不安によるものであり、それゆえに見事な工夫に満ちているという意味。
オ 人間の言葉は不安によって出てくるので、余計な工夫がされているという意味。

問四 内容 傍線部②とあるが、この語句の説明となっている部分を本文中から十四字で抜き出せ。 [6点]

▼1 空欄①・②にあてはまる語句を本文中から抜き出せ。 [3点×2]
▼2 ◯にあてはまる記号を次から選べ。 [4点]
ア ← (因果関係)
イ ↔ (対比関係)
ウ ＝ (同義関係)

問五 理由 傍線部③とあるが、それはなぜか。適当なものを次から選べ。 [6点]

ア 遠慮は人間世界で必要なことであって、なんでも許される竜宮では無用のことだから。
イ 竜宮でしか飲むことができない桜桃の酒を遠慮するのはもったいないから。
ウ 客人である浦島が遠慮をすることは、竜宮の主である乙姫に対して失礼にあたるから。
エ 浦島のために用意された酒や珍味であり、この場は遠慮無用で何をしても許されるから。
オ 竜宮ではその人の本性があらわになるので、浦島がいくら謙虚な人間ぶっても意味はないから。

問六 理由 傍線部④とあるが、このことから浦島が今、心理的にどんな状態であることがわかるか。その理由を含めて、三十字以内で答えよ。 [7点]

国内旅行の回復動向を見る

経済産業省《けいざいさんぎょうしょう》

新型コロナウイルス感染症（以下、感染症）拡大の影響で大きなダメージを受けている観光業ですが、2022年10月の宿泊旅行統計調査によると、日本人宿泊者数（延べ）は感染症拡大前を上回る結果となるなど、10月から開始された全国旅行㋐シエンを a追い風に回復傾向が見られます。

グラフⅠ：〈旅行目的別〉日本人国内旅行者数（延べ）の推移

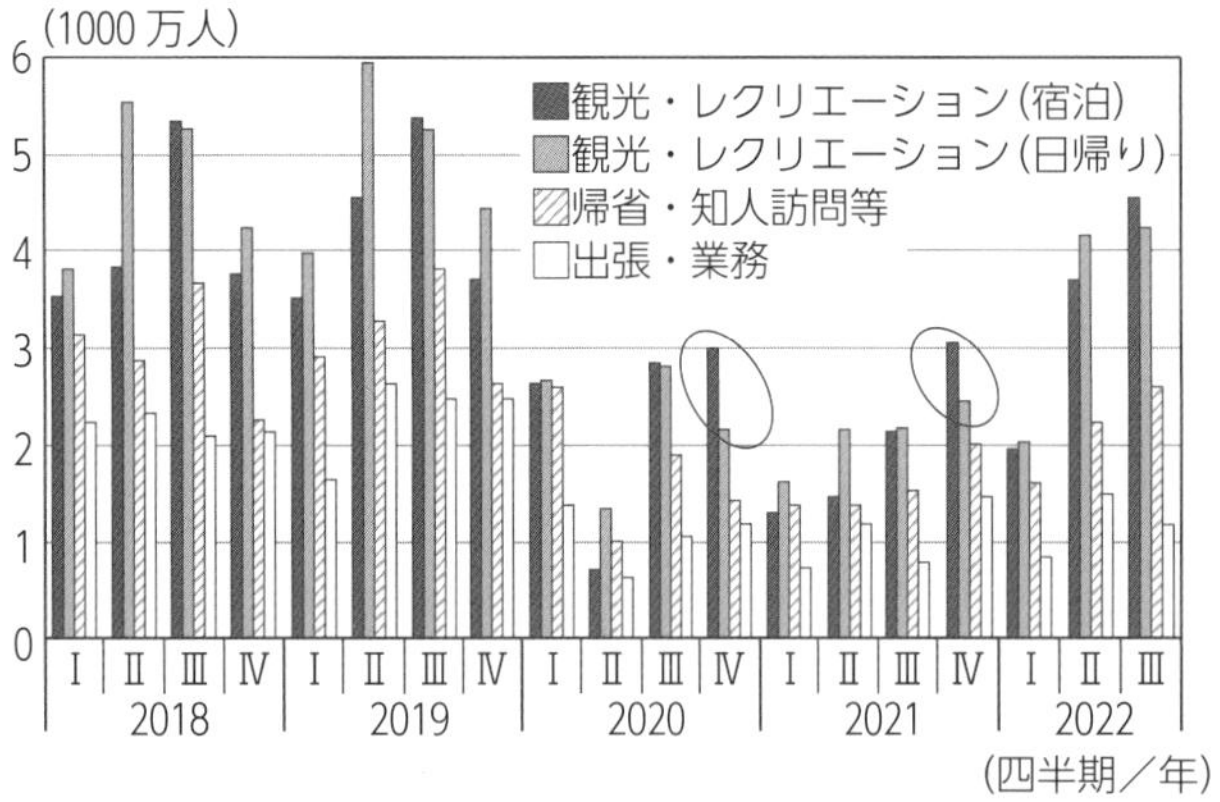

（資料）旅行・観光消費動向調査（観光庁）、2022 年第 3 四半期は速報値

観光や帰省といった、目的別の日本人国内旅行者数（延べ）の㋑推移を見ていくと、感染症拡大の影響のあった2020年から2021年にかけて、感染症拡大以前（2018、2019年）と比較して「観光・レクリエーション」、「帰省・知人訪問等」、「出張・業務」の［ A ］。

Go To トラベル事業実施期間（2020年第３、第４四半期）や、㋒キンキュウ事態宣言等の全面解除後の2021年第４四半期に持ち直しの動きが見られ、中でも「観光・レクリエーション」に注目すると、「宿泊」が「日帰り」を上回るのは、2018年及び2019年では夏季期間の第３四半期のみであったのに対し、2020年及び2021年は第４四半期にも上回る結果となりました。Go To トラベル事業による追い風や、「リベンジ旅行」として［ B ］ことが考えられます。

また、2022年に入り、行動㋓セイゲンのない大型連休のあった第２四半期を見ると、「宿泊」と「日帰り」の差が感染症拡大前と比較して小さくなっており、①宿泊旅行を志向する傾向が続いているのかもしれません。

次に、交通手段別の構成比の変化を見ると、感染症拡大以降、②「自動車」の構成比が拡大していることが見てとれます。航空機や、新幹線などの「鉄道」を利用した旅行に比べ、感染防止の観点から家族や個人の空間を維持できる自家用車やレンタカー・カーシェアリングを利用した旅行を選択する人が多かったことが考えられます。また、遠方への移動を㋔控え、自動車での近距離の移動が好まれたことも考えられます。

グラフⅡ：〈交通手段別〉日本人国内旅行者数（延べ）の構成比推移

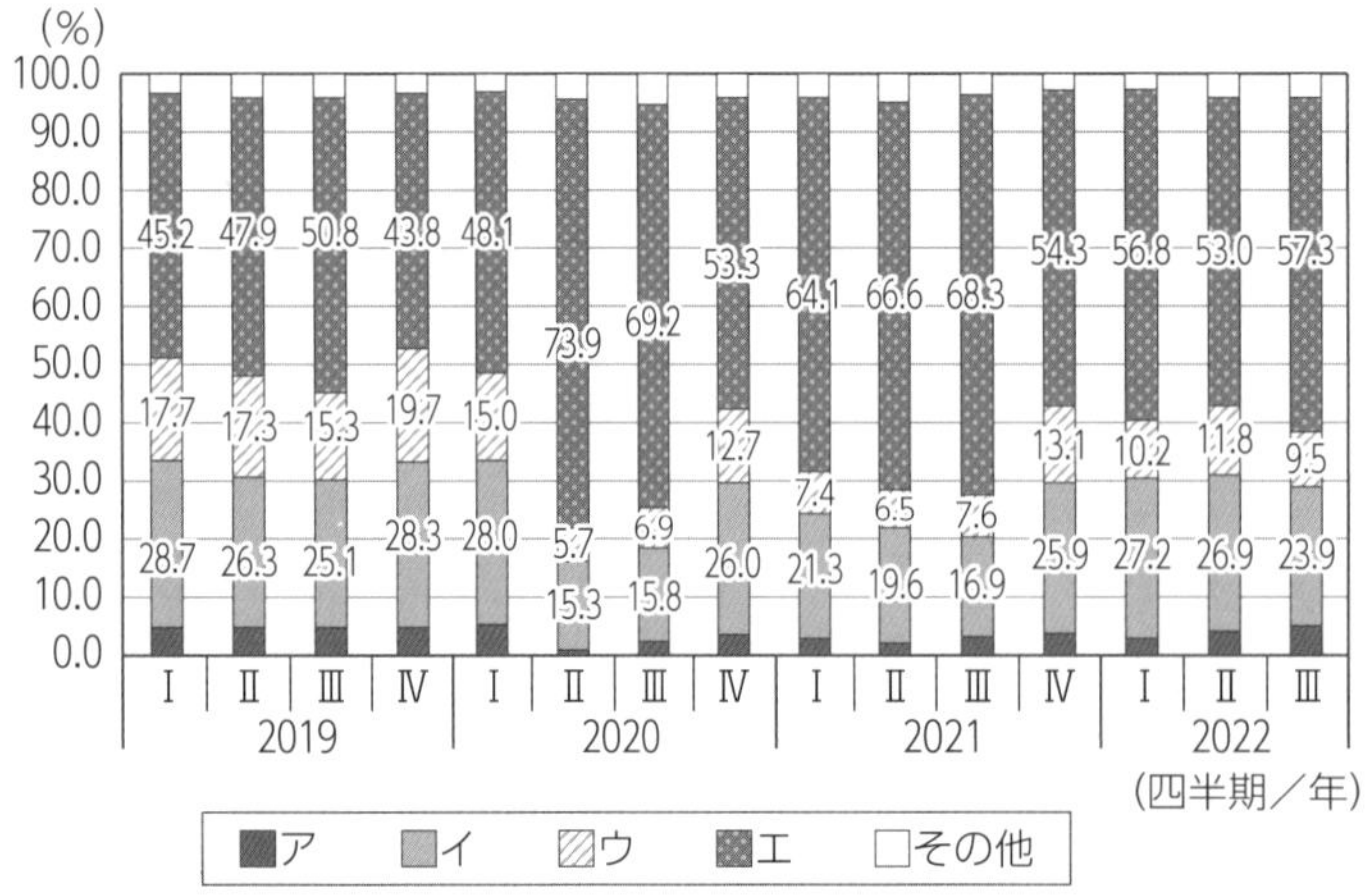

（資料）旅行・観光消費動向調査（観光庁）より作成、2022 年第 3 四半期は速報値
宿泊旅行（観光・レクリエーション）、日帰り旅行（観光・レクリエーション）を集計

本文を読む前に

知・技	/13
思・判・表	/37
合計	/50

目標解答時間 15 分

問一 漢字 下線部㋐～㋔のカタカナを漢字に改め、漢字には読みを示せ。〔2点×5〕

㋐　㋑　㋒　㋓　㋔

問二 語句 波線部ａ「追い風」の意味を次から選べ。〔3点〕

ア 追いつめられること　**イ** 後押しとなること

ウ 後に引けないこと　**エ** 引っ張っていくこと

問三 文脈 空欄Ａに入る説明として適当なものを、グラフⅠの内容をふまえて次から選べ。〔4点〕

ア 観光は大幅に減少しましたが、帰省と出張は以前と同様です

イ 観光は減少しましたが、出張者数は増加傾向にあります

ウ 宿泊を伴う観光は減少し、日帰り観光が増加しました

エ 帰省者数だけが、あまり変化していません

オ すべての目的で旅行者数は大幅に減少しました

問四 文脈 グラフⅠの二箇所の赤い丸に注目すると、空欄Ｂにはどのような語句が入るか。適当なものを次から選べ。〔5点〕

ア 宿泊旅行と日帰り旅行を志向した人が両方とも多かった

イ 宿泊旅行を志向した人が減った

ウ 宿泊旅行と日帰り旅行を志向した人が両方とも減った

エ 宿泊旅行を志向した人が多かった

オ 日帰り旅行を志向した人が多かった

問五 理由 下線部①と言える根拠を、解答欄に合う形で本文中の語句を用いて三十字以内で答えよ。〔6点〕

こと。

問六 内容 グラフⅠから読み取れる内容について生徒が分析している。グラフⅠの内容に合った発言をしている生徒を次から選べ。〔6点〕

生徒Ａ：宿泊を伴う観光が感染症拡大前に戻りつつあるのは、航空機の利用者数が大幅に増加したからだと言えるね。

生徒Ｂ：帰省・知人訪問も同じく感染症拡大前に戻りつつあるけど、出張・業務についてはまだ回復していないね。

生徒Ｃ：観光のほうが回復傾向にあるけど、それは若い世代の旅行者数が増えたからだね。

生徒Ｄ：帰省・知人訪問は、感染症拡大の影響を受けていないね。

生徒Ｅ：二〇二〇年第２四半期で旅行者数が激減したけど、二〇二二年にはすべての目的で感染症拡大前に戻ったと言えるね。

生徒

問七 内容 グラフⅡのア～エのうち、「自動車」の構成比にあたるものを選べ。〔4点〕

問八 理由 下線部②について、その要因を二点、それぞれ六十字程度と三十字程度で本文中から抜き出し、初めと終わりの五字で答えよ。〔6点×2〕

・　～

・　～

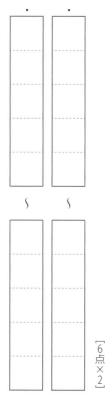

19 「嫉《ねた》み」・論理なき感情

山崎正和《やまざきまさかず》

1 いったい月曜日に楽しく遊んでいる大人もあれば、せっかくの休日に働いている大人もある。べつに不思議なことでもないのに、同じことが子供の世界に起こると、妙に冷静を失う人がいるのはどういうことなのだろう。子供の幸福について自分勝手な規準を作って、それに合わない子供がいると、何やら不正義が行われているかのように怒り出す。そういう人にかぎって、自分の子供に一〇〇パーセントの幸福を与えたと信じながら、なぜか後にその子に裏切られるような破目に㋐オチイることが多いのである。

2 冷静を失うということで思い出したが、何年か前、ある小説家が、子供たちを集めて当時の田中総理の私邸の庭で遊ばせる運動、というものを計画したことがあった。遊び場のない子供に総理の㋑ゴウカな庭園を見せて、世の中にはこんな幸福な人もいるということを身をもって教えよう、という計画なのだろう。おそらくはこの小説家の計算通りに、申し出は総理の側近によって断られ、小説家にとってはたぶん意外であっただろうが、一、二の新聞のコラムがこの運動を非難した。田中総理の生活ぶりには、いささかの批判がある人間でも、この小説家の考え方には一種の卑しさを感じざるを得ないからである。

3 いったい一国の総理の家の庭に百万円の緋鯉《ひごい》がいて、私の庭には金魚一匹いないということが、どれほどの不正義にあたるのか私にはわからない。だが、もし、この小説家がそのことを不正義だと思えば、彼はそれだけの論理を用意してから㋒モウゼンと怒ればよいのである。むしろ旗を押し立ててデモをするのもよければ、総理邸の門前でハンガー・ストライキをやるのもよいだろう。ところが、この小説家はそういうふうに豪快に怒る代わりに、なにやら曲がりくねった嫉みの感情を洩《も》らしたのである。[A]、その嫉みそねみを、ただでさえ他人を嫉みやすい子供たちに感染させようとしたのである。

4 私は生まれつき怒りという感情を尊敬する人間であるが、嫉みという感情は卑しく、恥ずかしいものだと思っている。怒りはたとえどんなに主観的でも、正義は我にありと思っているときに抱く感情だが、嫉みは、明らかに自分が不正だと思っていても、なおかつ抱けるような感情だからである。どう見ても公正な条件で競争して敗れたときにも、また、他人が美徳の上で自分より優れているようなときにも、私たちはそれを知りながらなお人を嫉むことができる。嫉みはそれ自体の内部に論理のない感情であり、したが

▶ 本文を読む前に

知・技	/14
思・判・表	/36
合計	/50
目標解答時間	20分

6 **田中総理**…田中角栄。一九一八〜一九九三年。政治家、建築士。

15 **ハンガー・ストライキ**…絶食によって抗議の意思を表明し、また要求実現を訴える行為。ハンストと略される。

重要語句

9 側近　10 コラム　14 デモ　27 社会正義

本文の展開

1 【起】……子供の幸福について自分勝手な規準を当てはめて**冷静を失う人**がいる

2 3 【承】……ある小説家←総理私邸で子供を遊ばせる社会運動
↓曲がりくねった**嫉み**の感情を子供たちに感染させようとした↓**卑しさ**
←むしろ論理を用意して怒るか、デモやハンガー・ストライキをすべき

4 5 【転】……**怒り**…自分に正義があると思っているときに抱く感情←筆者は尊敬

って、人を傷つける以外に救いようのない感情である。しかも、私たちは怒りには自分を賭けているが、嫉みにはそういういさぎよいところがない。万一、自分の怒りが不当だとわかれば私たちは心にわびるのであるが、嫉みが不当だとわかると、私たちはますます㋓クッセツした嫉みを燃やすことになるのである。

5 嫉みはその本性からして卑しい感情なのであり、私たちは日常の生活の中でも、これを本当の怒りと区別しなければならない。まして、社会正義ということが問題になるような公の事件について、私たちは間違っても嫉みの混じった動機から行動を起こすべきではないであろう。第一にそれは社会正義を汚すことになるし、第二には、もともと正義の問題ですらないものをそれと錯覚させるからである。①もし嫉みを動機に社会的な運動を起こせば、やがてその感情は次々に㋔ゾウショクして、②結局は運動そのものを内側から分裂させることにもなりかねまい。

6 要するに③嫉みは幼い感情なのであって、したがって、これはとりわけ子供の世界にはびこりやすい感情だといえる。休みの日に勉強させられる子供はただそれだけのことで、戸外で遊んでいる子供を羨んだり、嫉んだりする。それはある意味でやむを得ない現象なのであるが、少なくとも大人としては、それを自分の方からけしかけたり唆したりすることだけは避けたいものである。

嫉み…自分が不正だと思っていても抱ける感情↑卑しく、恥ずかしい
＝それ自体に ① [　　] 感情
＝人を傷つける以外に救いようのない感情

⬇ **両者** は区別しなければならない

まして、社会正義が問題になる事件に嫉みから行動を起こせば…
①社会正義を汚す
②正義の問題でないものを正義の問題と錯覚させる

⬇ 社会的運動を分裂させかねない

6【結】……………………
嫉み… ② [　　] 感情

⬇ ●大人は子供たちにけしかけたり唆したりしてはいけない

▼**1** 空欄①・②にあてはまる語句を本文中から抜き出せ。［3点×2］

▼**2** ◌にあてはまる記号を次から選べ。［4点］

ア ⬅（因果関係）
イ ⬌（対比関係）
ウ ＝（同義関係）

[　　]

問一 漢字 傍線部㋐〜㋔のカタカナを漢字に改めよ。 [2点×5]

㋐ オチイる

㋑ ゴウカ

㋒ モウゼン

㋓ クッセツ

㋔ ゾウショク

問二 語句 波線部「身をもって」の意味を次から選べ。 [4点]

ア 自分が犠牲となって　イ 自分自身の体験として

ウ 自分を投げ出して　エ 自分で納得して

問三 文脈 空欄Aに入る語を次から選べ。 [5点]

ア あるいは　イ ところで

ウ つまり　エ しかも　オ しかし

問四 内容 傍線部①とあるが、嫉みが動機となった「社会的な運動」の具体例を、本文中から三十字以内で抜き出せ。 [7点]

問五 理由 傍線部②とあるが、なぜ「分裂」するのか。適当なものを次から選べ。 [7点]

ア 嫉みとは論理のない感情であり、その分、運動に携わる個々人によって抱く考えが異なり、統一性がなくなるから。

イ 嫉みによってお互いが疑心暗鬼になり、一つの運動をする集団としては成り立たなくなるから。

ウ 嫉みは社会的な問題や正義を曲解させるものであり、嫉みの感情が増幅されることで社会運動の本来の目的を失ってしまうから。

エ 嫉みは怒りのように自分を賭けることのない感情であるため、切実さがなく、運動を始めてもすぐに辞めてしまうから。

オ 人々に嫉みの感情を感染させることが目的の運動は、世間からは到底受け入れられず、非難を浴びることになるから。

問六 主題 傍線部③とあるが、ここから嫉みについて筆者のどういう考えが読み取れるか。適当なものを次から選べ。 [7点]

ア 自分の心に根拠のある怒りと違い、論理がなく、自分が不正であると思っていても抱ける自分勝手な感情で、とくに子供が抱きやすい感情である。

イ 怒りとは違い、自分の心の悪い部分を認識することになってもなお抱けるような感情で、子供の将来に悪影響を及ぼす危険な感情である。

ウ 正義は我にあり、という大人にありがちな凝り固まった二元論的な価値観で抱く怒りに対して、論理では割り切れない複雑な心の動きにもとづく子供らしい感情である。

エ 社会正義が問題になる公の事件に対して行動を起こす場合に、他人を味方に引き込もうと、正義の問題でないことまで正義の問題であるかのように見せかけようとしてしまう幼稚な感情である。

オ 休みの日に勉強させられる子供が、戸外で遊んでいる子供をどうしても嫉んでしまうように、子供に特有の未熟な感情である。

ことばと思考

今《いま》井《い》むつみ

▶ 本文を読む前に

知・技	/13
思・判・表	/37
合計	/50

目標解答時間 20分

【文章】

ことばは世界に存在する(ア)雑多なモノを、体系化し、整理する。それによって、子供は、同じことば（名前）で呼ばれるモノ同士を「同じ」あるいは「似ている」と感じ、それらのモノ同士の共通点を探るようになる。しかし、「似ている」や「同じ」という認識は、モノ同士の直接の関係に限らない。

ここで、次のような状況を想像してみよう。三つの色のカラーボックスが、(イ)タテに上から緑、黄色、青の順で三つ重ねられている。これはお母さんの三つのボックスだ。子供はそれよりもう少し小さい自分のボックスを三つ持っていて、そちらは、上から黄色、赤、白の順番に並んでいる。子供のボックスの中段に、シールが入った封筒が入っている。お母さんは自分の三段重ねの真ん中の黄色のボックスに封筒を入れて見せ、子供に、「○○ちゃんのにも、同じところにシールが入っているのよ。探してね。」と言う。子供は何色のボックスを探せばよいだろうか。

読者のみなさんは、この状況で「同じ」というのは、そもそも(ウ)曖昧であることに気づかれただろうか。色が同じボックスなのか、位置が同じボックスなのか。位置を表すことば、たとえば上とか下とか、右とか左とか、中央とかということばは、モノ自体をさすのではなく、モノ同士の位置関係をさす。このようなことばを使うとき、モノそのものが「同じ」なのは関係なく、関係が、ことばのさす対象になる。

先ほどの問題に(エ)モドると、大人はこの状況で「同じところにシールが入っている」と言われれば、中段のボックスのことだと思う。しかし、三、四歳の幼児はほとんどの場合、一番上の黄色のボックスを開けてシールを探す。つまり、このくらいの年の子供は、「黄色のボックス」のような、「モノそのもの、あるいはモノの色が同じ」ことにはすぐ気づくが、「関係が同じ」ことにはなかなか気がつかない。この状況のように、「モノ、あるいはモノの目立つ属性が同じ」と「関係が同じ」ことが同居している場合、モノが同じほうにばかり目がいってしまうので、関係の類似性には全く気づかない場合が多い。一回、大人が正しい場所を教えて見せればすぐわかるはず、と思われるかもしれないが、実はそうではなく、何回か正しいほうを教えても、子供は気づかず、色が同じ箱を開け続ける。

[A]、「上」とか「真ん中」ということばを使うと、同じ年の子供でも、モノそのものではなく、モノ同士の位置関係へ注目することが可能になる。つまり、「上」「真ん中」「下」のような関係を表すことばは、子供の認識をモノ自体の認識から、もっと抽象的な「関係」の認識へと広げる役割を果たすのである。

モノではなく、関係の同一性を学習することは、チンパンジーをはじめとした人間以外の動物にとって、(オ)キワめて困難だといわれる。人間の子供にとっても、関係の認識は難しいが、関係を表すことばを持ち、それを学習することで、人間はモノの類似性、同一性のみでなく、関係の類似性、同一性に基づいて世界を分類することが可能になるのである。そのように考えると、言語は、人間以外の動物にはできない抽象的な思考を人間の子供がすることを可能にする、といってもよい。

【会話文】　右の文章を読んだ木村さんと山田さんの会話

木村　カラーボックスの例で、子供が同じ色の箱を開け続けるのは、「関係」を理解できないからだよね。

山田　うーん、それは言い過ぎじゃないかな？　筆者も「なかなか気がつかない」とは述べているけれど、関係を表すことばを使って、「関係」に認識を広げてやることができるんだから、「理解できない」わけではないんじゃない？

木村　うーん、言われてみればそうかも。

山田　それに、この例では位置関係に意識を向けるのを邪魔する別のものがあるのも、大きなポイントだと思う。

木村　そうか。じゃあ、［　Ⅰ　］にして同じことをしたら、真ん中を開ける子供もいるのかな？

山田　筆者も「『モノ、あるいはモノの目立つ属性が同じ』と『関係が同じ』ことが同居している場合」って、とても細かく状況を指定しているから、そういうこともあるかもしれないね。

木村　でも、いちいち邪魔者を取り除かなくても、言葉があれば「関係」を認識できるんだから、言葉の力ってすごいんだよね。

山田　筆者も主張しているとおり、［　Ⅱ　］んだね。

重要語句

【文章】 1 雑多　9 曖昧　15 属性　21 同一性

問一 漢字 傍線部㋐～㋔のカタカナを漢字に改め、漢字には読みを示せ。 〔2点×5〕

㋐	㋑	㋒	㋓	㋔

問二 語句 波線部「体系化」の意味を次から選べ。 〔3点〕

ア 物事をまとめて秩序づけること
イ 物事に対して名前をつけること
ウ 物事を判断して区別をつけること
エ 物事を観察して把握すること

問三 文脈 空欄Aに入る語を次から選べ。 〔3点〕

ア だから　**イ** さらに
ウ しかし　**エ** つまり

問四 内容 カラーボックスの問題についてまとめた次の図表について、後の問いに答えよ。

「同じところにシールが入っている」

	子供	大人
「同じ」という語のとらえ方	X「色」が同じととらえる。	Y「位置」が同じととらえる。
ことばを聞いた後に取る行動	一番上の「黄色」のボックスを探す。	Z

(1) 傍線部X・Yは、それぞれ何を同一であるとみなすことの一例か。【文章】からXは八字、Yは二字で抜き出して答えよ。 〔4点×2〕

X
Y

(2) 空欄Zにあてはまる一文を、図表の「子供」側の表現をふまえて、十五字以内で答えよ。 〔6点〕

問五 文脈 【会話文】の空欄Ⅰにあてはまる内容を十五字程度で答えよ。 〔10点〕

問六 主題 【会話文】の空欄Ⅱにあてはまる内容として適当なものを次から選べ。 〔10点〕

ア 人間の子供が抽象的な認識や思考をすることは、関係を表すことばを学習することによって可能になる
イ 人間の子供は、モノ同士の位置関係に注目する習慣を持つことで、モノの関係の理解が可能になる
ウ 人間の子供は、関係を表すことばを早く持つことで、モノの目立つ属性に着目しなくなる
エ モノそのものを指し示すことばを十分に学習することによって、人間の子供は、モノの関係も理解できる
オ 関係の同一性を学んでそれを抽象的な思考に高めていくことは、人間以外の動物にも可能なことである

21 AIの能力

森《もり》 博嗣《ひろし》

1 将棋も囲碁も、AIのほうが人間よりも強くなった。こうなったのは、人間が組んだプログラムではなく、AI自身が、過去の将棋や囲碁の勝負から学習し、またAI自身が自分の中で、勝負を行って、各種の戦法を(ア)タメし、(イ)鍛錬をしたからである。

2 恐らく、AIが学び続ければ、人間よりもはるかに強くなるだろう。今後は人間も、過去の勝負ではなく、AIから学ぶことになる。現在、すでにそうなっているのではないだろうか。

3 シンギュラリティがいつなのか、そしてその後どうなるか、僕にはわからない。①ディープラーニング（深層学習）したから人間を超えられる、と単純に考えることはできない。なぜなら、アインシュタインもガロアも、若くして画期的な発見をしている。彼らは、多くを学ばなかったはずだ。むしろ、常識を知らないことや、それゆえ(ウ)キセイ概念に囚《とら》われなかったことが、すばらしい発想を生み出したように見える。人間の発想の条件は、そういった[a]突飛さというか、突発的なものであるように思われる。

4 普通の人たちは学校で学び、(エ)一所懸命勉強して頭に知識を詰め込もうとしているけれど、知識というのは、頭脳の本来の活動にとって重荷になることが、きっとあるだろう。新たな発想は、なにものにも(オ)シバられない自由さ、あるいは軽さから、羽ばたく如《ごと》く生み出されるものではないだろうか。

5 ところが、②そういう状況も、③コンピュータであれば、たちまち対処ができるだろう。つまり、人間は年齢を重ねたとき、若い状態に戻れない。一度覚えたものを、自在に忘れることができない。一方、AIはいとも簡単にリセットできる。つまり、ある知識について、いつでも「知らなかった」ことにできる。すなわち、コンピュータは、自分の意思で、いつでも「拘《こだわ》らない」でいられる（もちろん、拘ることもできる）。

6 この「忘れる」能力によって、AIは人間を[b]凌駕《りょうが》するだろう、と僕は考えている。④その点からも、シンギュラリティがいずれ起こることは確実だ。

1 AI…人工知能。

6 シンギュラリティ…AIが人類の知能を超える転換点、また、それにより人間の生活に大きな変化が起こるという未来予測の概念。

6 ディープラーニング…大量のデータからコンピュータが自動的にその特徴を発見する技術。

重要語句

9 囚われる　16 リセット

本文の展開

1 2 【現状の指摘】……
将棋も囲碁もAIが人間より強くなった

3 4 【筆者の見解1】……
原因＝AI自身が学び続けている
AIが ①［　　　　］ をしたから人間を超えられるとは言えない
←なぜか？
知識が多すぎると新たな発想ができないことがあるから

5 【筆者の見解2】……
ところが
人間＝覚えたものを自在に

本文を読むために

知・技	/14
思・判・表	/36
合計	/50

目標解答時間 15分

問一 **漢字** 傍線部㋐〜㋔のカタカナを漢字に改め、漢字には読みを示せ。［2点×5］

㋐ タメし

㋑ 鍛錬

㋒ キセイ

㋓ 一所

㋔ シバられない

問二 **語句** 波線部a「突飛」b「凌駕」の意味を次からそれぞれ選べ。［2点×2］

a
ア 驚くことがいきなり起こるさま
イ 他よりもとびぬけて高いさま
ウ 個性的なものが多様にあるさま
エ 常識はずれで人々が驚くさま

b
ア そのものをあなどり見下すこと
イ そのものを超えてそれ以上になること
ウ そのものを我慢して乗り越えること
エ そのものを従え使いこなすこと

問三 **理由** 傍線部①とあるが、そのように言える理由を説明した次の文の空欄a・bにあてはまる語句を、aは九字、bは十三字で本文中から抜き出せ。［4点×2］

人間には、［a］からこそ、［b］ということもあるから。

a

b

問四 **指示** 傍線部②とはどういう状況か。本文中の語句を用いて三十字以内で答えよ。［6点］

問五 **理由** 傍線部③とあるが、このように言えるのはコンピュータに何があるからか。本文中から七字で抜き出せ。［6点］

問六 **主題** 傍線部④について、「その点からも」とあるが、他にどういう点から「シンギュラリティがいずれ起こることは確実だ」と言えるのか。適当なものを次から選べ。［6点］

ア 将棋や囲碁でAIが人間よりも強くなり、人間がAIから学ぶようになった点。
イ 科学技術の進歩が目覚ましく、より高度なAIを作れるようになっている点。
ウ 人間はどうしても常識や知識に囚われてしまうが、AIにはそれが全くない点。
エ 人間が組んだプログラムで動くのではなくて、AI自身が学び続けている点。
オ 大量の情報を早く正確に記憶することにおいて、人間はAIに遠く及ばない点。

［②］ことができない
◯
コンピュータ＝自分の意思で拘らないでいられる

6 **【結論】** ……… この能力によって、AIは人間を凌駕する
↓
シンギュラリティは確実に起こる

▼1 空欄①・②にあてはまる語句を本文中から抜き出せ。［3点×2］
▼2 ◯にあてはまる記号を次から選べ。［4点］
ア ⬅（因果関係）
イ ＝（言い換え）
ウ ⬌（対比関係）

22 ルネサンスの遺産

中村桂子《なかむらけいこ》

本文を読む前に

[1] ルネサンスといえば、世界史の時間に、中世のキリスト教のもとで㋐オサえ込まれていた人間性を解放し、人間中心の近世文化へと㋑テンカンした運動と習ったのを思い出します。人間讃歌《さんか》、人間復興という言葉も教えられました。

[2] ここで言う人間性の解放とは何でしょう。それは、神様のおっしゃることをすべてよいこと正しいこととして、教会での教えを㋒ウタガうことなくそのまま受け入れるという①中世ヨーロッパの生き方とは違う生き方をするということでした。そのためにすべてのことに対して「なぜ？」という問いを立て、自分で見たり聞いたりしたことをもとに自分で考える必要が出てきました。まさにこれは、私たちが科学を通して行おうとしてきたことです。科学は「なぜ」から出発し、自分で考えるものですから（最近の科学は大きな流れに入り込んで自分で独自に問う場面が減っているのが気になりますが）、ルネサンス後に科学が㋓タンジョウし、知として隆盛をきわめているのは、当然といえば当然です。自分で知り、考えたら、もちろん人はそれを表現したくなるでしょう。ルネサンスの場合、その多くは芸術作品として残されていますが、②現代の科学が生み出した表現は科学技術になります。

[3] ところで、塩野七生《しおのななみ》さんは、③ルネサンスが遺《のこ》したものとしてもう一つ大事なことを㋔シテキしています。神様の教えをすべて信じなさいと言われていた中世には「悪魔」がいたと言うのです。悪いことはすべて悪魔が引き受けてくれますから、神様はすべて善、それを信じていれば間違いないわけです。[A]、人間が自分で問い、考えることになったルネサンス以降は、④善と悪の両方を自分自身で背負わなければならなくなりました。善と悪、精神と身体、神と悪魔というように、私たちは二つに分けて考えるのが好きでその方が楽ですが、それらの全体を内にもっているのが人間であり、人間の複雑さのもとはここにあるのですから、人間を考えるとなったらそのすべてを考える必要があるわけです。

13 塩野七生…一九三七年〜。小説家。

重要語句
1 中世
2 讃歌
2 復興

知・技	/13
思・判・表	/37
合計	/50

目標解答時間 15分

本文の展開

[1] 【序論 ルネサンスについて】………
〈ルネサンス〉
＝人間性を解放するための運動

[2] 【本論1 人間性の解放とは？】…
〈中世ヨーロッパ〉
神様、教会での教えを疑うことなく受け入れる

〈ルネサンス〉
すべてのことに問いを立て、見聞きしたことをもとに自分で考える
↓
[①] として表現
＝
〈現代〉科学技術として表現

[3] 【本論2 善と悪】…………
〈中世ヨーロッパ〉
悪魔＝悪いことを引き受けてくれる
神様＝善、信じて入れば間違いない
〈ルネサンス〉
人間＝[②] の両方を背負

問一 漢字 傍線部㋐～㋔のカタカナを漢字に改めよ。［2点×5］

㋐ **オサ**え
㋑ **テンカン**
㋒ **ウタガ**う
㋓ **タンジョウ**
㋔ **シテキ**

㋐	㋑	㋒	㋓	㋔

問二 語句 波線部「隆盛」の意味を次から選べ。［3点］

ア 強くたくましいこと
イ 最も立派になること
ウ 勢いが大変あること
エ 重要性を認められること

問三 文脈 空欄Aに入る語を次から選べ。［3点］

ア つまり　**イ** したがって
ウ あるいは　**エ** けれども

問四 内容 傍線部①とあるが、これが生み出したものは何か。本文中から九字で抜き出せ。［5点］

問五 内容 傍線部②とあるが、現代の科学によって表現されるのは、どのようなことか。本文中の語句を用いて二十五字以内で答えよ。［6点］

問六 内容 傍線部③とあるが、これにあてはまらないものを次から選べ。［6点］

ア 現代の科学に通じていく自分で情報を収集して考える姿勢。
イ 中世キリスト教の教えをそのままには受け入れない生き方。
ウ 科学を通じて行えないことを芸術で表現しようとする態度。
エ 人間を複雑な内面世界を抱えるものと捉えようとする見方。
オ 近世文化への転換に必要な疑問を持ち自分で考える視点。

問七 主題 傍線部④とあるが、これはどのようなことを表しているか。最も適当なものを次から選べ。［7点］

ア 善も悪もともに神様や悪魔から生まれ出るもので、人間の内側で二つに分かれて対立しながら存在しているのだと考えること。
イ それまで信じられていた神様や悪魔の存在が科学によって否定されたために、善も悪も人間の一部であると考えるようになったこと。
ウ 神様と悪魔や、善と悪が敵対しながら存在していることを人間の責任であると理解して、それを人間が負うようにしていくこと。
エ 善や悪とは、ともに人間がもっている違った側面を表したものであって、元々人間が心の中にもっているものだと考えること。
オ 善と悪は、精神や肉体と一体となって存在するものであり、一つとして欠けてはいけないため大切にしなければならないということ。

っている**複雑な存在**だと認識

▼**1** 空欄①・②にあてはまる語句を本文中から抜き出せ。［3点×2］
▼**2** 時代における人々の態度の関係性について、◯にあてはまる記号を次から選べ。［4点］

ア ⬅（因果関係）
イ ⟺（対比関係）
ウ ＝（同義関係）

23

鳥屋《とや》の日々　中野孝次《なかのこうじ》

1 僕の①一番早い記憶、三歳の記憶は、路地を出た角にある荒物屋の倉庫の二階で、そのうちの息子と遊んでいるとき粗忽《そこつ》をしたことに関わっている。三歳の子が、珍しい玩具に夢中になって、便意を告げて帰ることができずに粗忽したとき、最初に㋐ニオいに気付いた女中が悪意を込めて騒ぎ立てた言葉は、僕の家の［A］と結びついていた。家の前の、塀に囲まれた借家の年上の女の子が、塀の間からはやし立てた言葉は、父の職業への嘲笑に結びついていた。そういう[a]些細《ささい》な、それ自体はただの子供の出まかせの悪たれ言葉にすぎないものが、僕にとってはわが家を貧しいものと意識させる最初の言葉になった。みんなと遊んでいるときの㋑ムジャキな喜びをさえ毒するように作用したのだ。

2 偶然、出生なんてみんな偶然だ、なぜもっといい家に生まれてこなかったんだろう、と、少し大きくなった僕はもう②そんな不幸な考え方にとりつかれるようになっていた。雑多な階層の者がひとところに寄り集っている郊外都市は、それぞれの家庭の㋒露骨な比較という形で、大人が思うより早く子供の心に階級意識を芽生えさせた。それは、初めは③子供たちどうしの悪口にふくまれた毒素を通じて、それから具体的にそれぞれの子の家庭とわが家との比較見聞を通じて、子供の目を㋓ムジュンに対して開かせた。ただそれが、自分の生まれた家の貧しさを恥じるように、またその貧しさの原因として父と母とを㋔軽んじるように作用したのが、僕の不幸だった。結局は全面的に受け入れるしかない出生の偶然を、自分の運命にすることができなかったこと、もっと正確に言えば、農村出身のこういう父と母を持って生まれたという必然的な事実を、出生の偶然としてできるだけ小さな[b]因子にしてしまおうと、④見当はずれな脱出の試みを続けたことが、僕が長い間自分というものを本当に受け入れることをできにくくした最大の原因だったと思う。自分を受け入れるとは、出生の偶然をまず全面的に完全に受け入れることから始まるんだろうに。

▶本文を読む前に

知・技 /16
思・判・表 /34
合計 /50
目標解答時間 15分

1 荒物屋…日用雑貨を売る店。

重要語句
4 はやし立てる
10 階級（意識）

本文の展開

1【僕の一番早い記憶】……
三歳の記憶
…遊びに夢中になり粗忽する
・女中が悪意を込めて騒ぎ立てた言葉
↓僕の家の［①］と結びつく
・年上の女の子のはやしたてる言葉
↓父の職業への嘲笑と結びつく
＝
無邪気な喜びさえも毒する

2【出生に対する意識】……
出生なんて偶然だ
↓
・［②］の芽生え
・貧しさを恥じ、父母を軽んじる
＝不幸
自分を受け入れられない

問一 **漢字** 傍線部㋐～㋔のカタカナを漢字に改め、漢字には読みを示せ。〔2点×5〕

㋐ **ニオい**

㋑ **ムジャキ**

㋒ **露骨**

㋓ **ムジュン**

㋔ **軽んじる**

問二 **語句** 波線部a「些細」b「因子」の意味を次からそれぞれ選べ。〔3点×2〕

a **ア** とるに足りない **イ** 目に見えない **ウ** 価値のない **エ** 話にならない

b **ア** 背景 **イ** 仮構 **ウ** 因果 **エ** 要素

問三 **文脈** 空欄Aに入る語を、本文中から三字で抜き出せ。〔4点〕

問四 **内容** 傍線部①とあるが、これはどのような出来事か。解答欄に合う形で本文中からそれぞれ二字で抜き出せ。〔完答4点〕

□□のとき□□がもとでからかわれたこと。

問五 **理由** 傍線部②とあるが、僕にとってなぜ不幸であったのか。最も適当なものを次から選べ。〔5点〕

ア 雑多な階層の者が集まる郊外都市の人々が持つ、それぞれの家庭をあからさまに比較しようとする傾向に、自分も知らず知らずのうちに染まっていたから。

イ 自分が貧しい家に生まれたことを恥ずかしいことだと思い、それを父や母の責任にして親を尊重しない態度を身につけるようになったから。

ウ 自分の出生についての不満が、人よりも早く階級意識を芽生えさせ、そのことで社会をゆがんだ見方で見るようになってしまったから。

エ 自分の出生に対する敏感さから、父や母が農村出身であることまで恥じるようになり、自分の人生を前向きに考えることを放棄してしまったから。

オ 幼い日の記憶が自分を支配していることに気づきながらも、大人になれないことを両親のせいにして二人を拒むようになってしまったから。

問六 **内容** 傍線部③とあるが、「毒素」とほぼ同じ意味で使われている語句を本文中から二字で抜き出せ。〔5点〕

問七 **内容** 傍線部④とあるが、「見当はずれな脱出」というのは、どういうことか、二十字以内で答えよ。〔6点〕

▼**1** 空欄①・②にあてはまる語句を本文中から抜き出せ。〔3点×2〕

▼**2** 次の図の空欄Ⅱに入るものを次から選べ。〔4点〕

出生
Ⅰ…「私」の願望 ↔ Ⅱ…実際の状態

ア 偶然の産物
イ 露骨な比較
ウ 大きな因子

24 美意識の東西

高階秀爾《たかしなしゅうじ》

▶本文を読む前に

知・技 /14
思・判・表 /36
合計 /50
目標解答時間 15分

1 西欧世界においては、古代ギリシャ以来、「美」はある明確な秩序を持ったもののなかに表現されるという考え方が強い。その秩序とは、左右相称性であったり、部分と全体との比例関係であったり、あるいは基本的な㋐キカ学形態との類縁性など、内容はさまざまであるが、いずれにしても客観的な原理に基づく秩序が美を生み出すという点においては㋑イッカンしている。逆に言えば、そのような原理に基づいて作品を制作すれば、①それは「美」を表現したものとなる。

2 ㋒テンケイ的な例は、現在でもしばしば話題となる八頭身の美学であろう。人間の頭部と身長が一対八の比例関係にあるとき最も美しいという考え方は、紀元前四世紀のギリシャにおいて成立した美の原理である。ギリシャ人たちは、このような原理を「カノン（規準）」と呼んだ。「カノン」の中身は場合によっては変わり得る。現に紀元前五世紀においては、優美な八頭身よりも荘重ᵃな七頭身が規準とされた。だが七頭身にせよ八頭身にせよ、何かある原理が美を生み出すという思想は変わらない。ギリシャ彫刻の持つ魅力は、この美学に㋓ユライするところが大きい。

3 もっとも、この時期の彫刻作品はほとんど失われてしまって残っていない。②残されたのは大部分ローマ時代のコピーである。しかししばしば不完全なそれらの模刻作品を通して、かなりの程度まで原作の姿をうかがうことができるのは、美の原理である「カノン」がそこに実現されているからにほかならない。原理に基づいて制作されている以上、彫刻作品そのものがまさしく「美」を表すものとなるのである。

4 だがこのような実体物として美を捉えるという考え方は、日本人の美意識のなかではそれほど大きな場所を㋔シめているようには思われない。日本人は、遠い昔から、何が美であるかということよりも、むしろどのような場合に美が生まれるかということにその感性を働かせて来たようである。それは「実体の美」に対して、「状況の美」とでも呼んだらよいであろうか。

5 例えば、③「古池や蛙《かわず》飛びこむ水の音」という一句は、「古池」や「蛙」が美しいと言っているわけではなく、もちろん「水の音」が妙音ᵇだと主張しているのでもない。ただ古い池に蛙が飛びこんだその一瞬、そこに生じる緊張感を孕《はら》んだ深い静寂の世界に芭蕉《ばしょう》はそれまでにない新しい美を見出《みいだ》した。そこには何の実

2 **左右相称性**…左右が等しく分けられ、互いに対応していること。

重要語句
3 類縁性
13 模刻
22 孕む

本文の展開

1〜3 【西欧人の美意識】……
古代ギリシャ以来
客観的な原理に基づく秩序が美を生み出すという考え方
⬅「カノン」に基づいて制作された作品が「美」を表す
⬅失われた古代ギリシャ時代の彫刻作品
→「カノン」に基づく［ ① ］により、原作の「美」をうかがうことができる

4 5 【日本人の美意識】……
どのような場合に美が生まれるのかということに感性を働かせる
（　　）
「状況の美」 ⟷ 「［ ② ］の美」
＝

体物もなく、あるのはただ［A］だけなのである。

問一 漢字 傍線部㋐～㋔のカタカナを漢字に改めよ。［2点×5］

㋐ **キカ**
㋑ **イッカン**
㋒ **テンケイ**
㋓ **ユライ**
㋔ **シめて**

問二 語句 波線部a「荘重」b「妙音」の意味を次からそれぞれ選べ。［2点×2］

a
ア 華やかなさま
イ 堂々としたさま
ウ 弱々しいさま
エ 飾り気のないさま

b
ア 不思議な音　**イ** 変わった音
ウ 美しい音　**エ** 静かな音

問三 文脈 空欄Aに入る語を本文中から二字で抜き出せ。［4点］

問四 指示 傍線部①とは何をさしているか。本文中の語句を使って二十字以内で答えよ。［5点］

問五 内容 傍線部②とあるが、コピーからでも原作の美しさをうかがうことができるのはなぜか。最も適当なものを次から選べ。［5点］

ア コピーではあるが原作を完全な形で復元しているから。
イ コピーも「カノン」に基づいて制作されているから。
ウ コピーも原作に劣らない「美」を実現しているから。
エ コピーではあるが独自の原理に従い作られているから。
オ コピーのために「カノン」を新たに作り直しているから。

問六 内容 傍線部③の句は何から見出した美を表現した句か。次の文の空欄にあてはまる語句を本文中から十四字で抜き出せ。［5点］

古池に蛙が飛びこむ瞬間に生じた［　］から見出した美。

問七 主題 西欧人と日本人の美の捉え方の違いを四十字以内で説明せよ。［7点］

一　（西欧人の美意識）
（例）「古池や」の俳句
俳句の詠まれた状況に美を見出す

▼**1** 空欄①・②にあてはまる語句を本文中から抜き出せ。［3点×2］

▼**2** ◌にあてはまる1～3段落と4・5段落の関係を表す記号を次から選べ。［4点］

ア ←（因果関係）
イ ⇔（対比関係）
ウ ＝（同義関係）

25 古代から来た未来人 折口信夫《おりぐちしのぶ》

中沢新一《なかざわしんいち》

▶ 本文を読む前に

知・技 /14
思・判・表 /36
合計 /50
目標解答時間 15分

1 折口信夫は人間の思考能力を、「別化性能」と「類化性能」のふたつに分けて考えている。物事の違いを見抜く能力が「別化性能」であり、一見するとまるで違っているように見えるもののあいだに類似性や共通性を発見するのが「類化性能」であり、折口自身は自分は「類化性能」がとても発達していると語っていた。この言い方をとおして、彼は①「古代人」の思考の特徴をしめそうとしていた。近代人は「別化性能」を(ア)イジョウに発達させた。そしてその(イ)傾向はすでに、奈良朝からはじまっていた。［ A ］、「古代人」たちの精神生活は、②「類化性能」を存分に生かしながらかたちづくられていた。

2 「類化性能」とは、a「アナロジー」のことであり、詩のことばなどが活用する(ウ)「比喩」の能力が、それに当たる。ひとつの物事を別のものと重ね合わすことによって、意味を発生させるやり方である。この能力が(エ)ハッキされると、音や形や意味やイメージのあいだにある「類似＝どこか似ている」という感覚をもとにして、ふつうなら離れたところに分離されてあるような物事同士が、ひとつに結びあわされて、新しいイメージをつくりだしていくようになる。このやり方でb森羅万象の出来事を見直していくと、月と女性は「似ている」ということになり（どちらも周期的に満ちたり欠けたりする）、蛇と結びつけられ（昔の人は、蛇が脱皮を繰り返すことによって、死と再生を繰り返し生きている、と考えた）、湿気や水と結びついていくようになる。そこから、「水辺に立つ神聖な女性」という存在が考えられるようになる。［ A ］、奈良朝の知識人のような③「近代人」には、その思考法がよく理解できていないから、「みずはのめ」は不気味な妖怪になってしまう。

3 折口信夫の考える「古代人」はこのようなアナロジーの思考法を(オ)クシして、森羅万象を④「象徴の森」で覆いつくそうとしたのである。現代の考古学は、そういう「比喩」が獲得されることによって、わたしたちホモサピエンスが出現したと考えている。

1 **折口信夫**…一八八七～一九五三年。日本の民俗学者。

15 **みずはのめ**…日本神話の神。名前には「水が這《は》う」「水が走る」という意味があり、水を司《つかさど》る女神とされている。

重要語句

2 類似性　6 存分　7 比喩　13 再生　17 象徴

本文の展開

1 【導入】……〈折口信夫が考えた人間の思考能力〉

別化性能 → 近代人が発達させた思考能力　違いを見抜く能力

類化性能 → ①［　　］が存分に生かした思考能力　類似性や共通性を発見する能力

2 【説明】……

〈　　〉

類化性能＝アナロジー＝②［　　］

［ひとつの物事を別のものと重ね合わせて意味を発生させる］

問一 漢字 傍線部㋐〜㋔のカタカナを漢字に改め、漢字には読みを示せ。〔2点×5〕

㋐ イジョウ

㋑ 傾向

㋒ 比喩

㋓ ハッキ

㋔ クシ

問二 語句 波線部a「アナロジー」b「森羅万象」の意味を次からそれぞれ選べ。〔2点×2〕

a
ア 類推すること
イ 分析すること
ウ 表現すること
エ 思考すること

b
ア さまざまな自然現象
イ 森や山の自然
ウ はるか古い時代
エ この世のすべてのもの

問三 文脈 空欄Aに共通して入る語を次から選べ。〔4点〕

ア だから　イ ところが
ウ そのうえ　エ すなわち

問四 内容 傍線部①とはどのような点にあるのか。次の文の空欄にあてはまる語句を本文中から十二字で抜き出せ。〔5点〕

異なるもののあいだに□能力にたけている点。

問五 内容 傍線部②とあるが、このことの具体例が述べられている一文を探し、初めの五字を答えよ。〔4点〕

問六 理由 傍線部③とあるが、それはなぜか。次の文の空欄にあてはまる語句を本文中から十一字で抜き出せ。〔5点〕

近代人は□を発達させることに偏っていたから。

問七 主題 傍線部④とあるが、古代人はどのようにすることによって世界を「象徴の森」で覆いつくそうとしたのか。「イメージ」という語を使って三十五字以内で答えよ。〔8点〕

↓新しいイメージをつくる
例「水辺に立つ神聖な女性」➡（近代人にとっては不気味な妖怪）

3【結論】
〈折口信夫の考える古代人〉
アナロジーの思考法をクシして、森羅万象を「象徴の森」で覆いつくそうとした

▼1 空欄①・②にあてはまる語句を本文中から抜き出せ。〔3点×2〕

▼2 2段落の〈　〉にあてはまる内容として最も適当なものを次から選べ。〔4点〕

ア 近代人の思考法
イ 「類化性能」の問題点
ウ 古代人の思考法
エ 「みずはのめ」の生態

26

ロボットの反抗

加藤尚武《かとうひさたけ》

1 国家関係も、政治も、経済も、ときに教会ですらも、善という理念と現実的、世俗的な力との結合を求めるものである。しかし、人間と人間とが、どのようなシステムを生み出しても、①人間の操作可能な力はつねに善とではなくて、悪とより強く結びつく。

2 科学の生み出す技術こそが、この難問の難しさを(ア)ケイゲンする。力が、科学という形をとったときには、善との結びつきが他の力とは比べものにならないほど強い。なぜなら科学のない力は、人間の力を権力によって集めて大きくしたものであり、力を集めて大きくする過程そのもの、その力を操作可能なものとする過程そのものに悪との親和力が働いてしまうからである。

3 科学という力こそ無私の善意と結びつく。それが鉄腕アトムの哲学である。ロボットであるアトムは、②自分の利益のためではなくて、人類という他者の利益のために献身する。しかし、この献身のモラリティを作者は(イ)ツラヌこうとはしないで、晩年になると、人間の抑圧に耐えかねてロボットが人間に反乱を起こすというストーリーを生み出し、そこにアトムの死を描き出す。ロボットが人間に反抗するというテーマは、実をいえば最初のロボット文学、すなわちチェコの作家カレル・チャペック（一八九〇—一九三八）の『ロボット』の主要なテーマだった。

4 「ロボット」という言葉には「労働するもの」という意味があった。つまり、労働者がほとんど人間として扱われていないという社会(ウ)ヒハンと、人間の文化が機械化されて、人間性が失われるというテーマが重なり合う形で、最初のロボット文学は作られていた。人間は、生殖を止めて、ロボットを生産する。そのことで人間は愛するということを忘れてしまう。ところが人間に反乱を(エ)イドんだロボットの方が、愛する人のために死ぬという自己犠牲の行為を行う。最高の人間性の発露とされる自己犠牲が、人間からロボットの側に移ってしまう。

5 この物語を単純に資本家（人間）とロボット（労働者）の対立を描いたものと(オ)カイシャクすることはできない。③人間性と科学技術という主題も重なり合っているからである。

6 手塚治虫が、ロボットが人間に反乱を起こすという物語を書いたとき、それはチャペックの主題にもどるという意味を持っていた。そのとき、鉄腕アトムは、「超人的力をもつ正義の味方」という最初の性格づけからはみ出してしまう。もう最初の性格づけにしたがった物語は書けなくなる。そこで作者の手塚治虫

▶ 本文を読む前に

9 **モラリティ**…道徳的であること。倫理性。

重要語句
9 献身

知・技 /13
思・判・表 /37
合計 /50
目標解答時間 15分

本文の展開

1 2 **【序論】**……
・どのようなシステムにおいても**人間の操作可能な力**は、悪との親和力が強く働く

科学という力は、[①]との結びつきが他の力より強い

3〜5 **【本論】**……
科学という力…無私の善意と結びつく
（鉄腕アトムの哲学）
⬅ 他者の利益のために、最高の人間性の発露とされる[②]の行為を、ロボットが行う
↔ 愛することを忘れてしまった人間
人間性と科学技術という主題の重なり

6 **【アトムの結末】**……
・鉄腕アトムは人間にとっての「正義の味方」という性格づけからはみ出

は「アトムの死」という結末を書かざるを得なくなってしまった。

問一 漢字 傍線部㋐～㋔のカタカナを漢字に改めよ。［2点×5］

㋐ **ケイゲン**

㋑ **ツラヌ**こう

㋒ **ヒハン**

㋓ **イド**んだ

㋔ **カイシャク**

問二 語句 波線部「抑圧」の意味を次から選べ。［3点］

ア 変えさせる　**イ** 押し戻す

ウ おさえこむ　**エ** ひどく蔑む

問三 理由 傍線部①とあるが、そのように言えるのはなぜか。最も適当なものを次から選べ。［6点］

ア どんなシステムも現実的・世俗的という点で悪だから。

イ 善と悪の二極が互いに引かれ合って結びつくから。

ウ 科学以外の力は悪と接続しやすい権力と関係するから。

エ 科学は世俗的な力と結びつくと悪になりがちだから。

オ 科学技術研究のための資金の出どころが悪だから。

問四 内容 傍線部②とあるが、そのようにすることを表す語句を本文中から八字で抜き出せ。［6点］

問五 内容 傍線部③とあるが、このうち「人間性」は、どのような行為に表れるか。4段落の語句を用いて三十字以内で答えよ。［8点］

問六 主題 この文章の説明として適当なものを次から選べ。［7点］

ア 科学の力によって可能となること、あるいはならないことの両方について、歴史的な見地に立ちながら筋道立てて論理的に説明している。

イ 科学の持つ特質や社会との関わりについて、科学をテーマにした作品を例にして読者の興味をひくように工夫しながら説明している。

ウ 科学をテーマにしてつくられた文学や物語を題材に取り上げて、それらが科学の本質をどのように把握したかを感覚的に表現している。

エ 現代において科学と社会がどのように関わっているかについて、ロボットを題材に用いながら科学を擁護する立場から解説している。

オ 科学技術が人間疎外や人間性喪失を引き起こしている作品を紹介し、自然と調和して生きていた時代の生活に戻ることを提案している。

す

・「アトムの死」という結末

▼**1** 空欄①・②にあてはまる語句を本文中から抜き出せ。［3点×2］

▼**2** ◯にあてはまる記号を次から選べ。［4点］

ア ←（因果関係）

イ ↔（対比関係）

ウ ＝（同義関係）

27 悪い言語哲学入門

和泉《いずみ》 悠《ゆう》

▶ 本文を読む前に

知・技	思・判・表	合計
/19	/31	/50

目標解答時間 15分

1 ①なぜ悪口は悪いのか、そして②時々悪くないのか。どうしてあれがよくてこれがダメなのか。

2 まず、「なぜ悪いのか」というと、それは、あるべきでない序列関係・上下関係を作り出したり、㋐イジしたりするからです。私たちは事実上、身体能力の違いや㋑貧富の差など、それぞれに異なっています。しかし、理念上、私たちには上も下もなく、お互い平等のはずです。人々をaおとしめ、低い位置にランクづけする行為は、その理念をbないがしろにする行為のため、悪いのです。

3 人を理由もなく傷つけることは悪いことですので、悪口だろうが何だろうが、人を傷つけるような行為は基本的に悪いでしょう。しかし、今述べたように、悪口がc不平等なランキングを作り出すとすると、そのときたまたま人を傷つけなくても、悪口は悪くなるのです。

4 さらに、権力の上下関係があるということは、下のものの意見がないがしろにされたり、そもそもその人がぞんざいな㋒アツカいを受けたりすることにつながります。そのようなとき、人は不快に思い、傷つくでしょう。そのため、不平等なランキングの存在は、どうして悪口が人を傷つけるのか、ということにも関連しているのです。

5 「どうして時々悪くないのか」、「どうしてあれがよくてこれがダメなのか」という謎も、同じ発想に基づいて解くことができます。上下関係が絶対にないということがはっきりしている場合には、たとえ何を言ったとしても、悪くはならないし、相手を傷つけることにもならない。黒人に対する差別的名詞を、黒人の若者同士がむしろ友好関係を強調するために使うというのは、よく知られた事実です。

6 私たちが何を考えようと願おうと、③差別的な表現の意味は私たちから独立に存在します。もしある単語が、㋓迫害と㋔ヨクアツの歴史や社会構造と結びつくことにより、差別的含意を持っているならば、一人の話者の力ではその結びつきをどうすることもできません。

重要語句

10 **ぞんざい**…乱暴で投げやりなさま。
4 ランクづける
18 含意

本文の展開

1【問題提起】……
悪口…なぜ悪いのか
（なぜ）時々悪くないのか
あれがよくてこれがダメなのか
（　　）

2～4【理由の提示1】……「悪口はなぜ悪いのか」
●序列・上下関係を作り出す
●人々を低い位置にランクづけ
↔ 理念…お互いは［①　　］である
さらに
権力の［②　　］がある
→下のものの意見がないがしろにされる
↓不快に思い、傷つく

5 6【理由の提示2】……「悪口はなぜ時々悪くないのか」

問一 漢字 傍線部㋐～㋔のカタカナを漢字に改め、漢字には読みを示せ。［2点×5］

㋐ **イジ**
㋑ **貧富**
㋒ **アツカ**い
㋓ **迫害**
㋔ **ヨクアツ**

問二 語句 波線部a「おとしめる」b「ないがしろ」の意味を次からそれぞれ選べ。［3点×2］

a
ア 劣っていると見なす
イ 意地悪をして困らせる
ウ 笑いものにする
エ 遠巻きにして避ける

b
ア まじめに受け止めず、からかうこと
イ ないものとして軽んじること
ウ 人目を気にしないこと
エ 軽く見て、あざ笑うこと

問三 語句 波線部cのように、二字熟語に「不」という打消の接頭語をつけて、三字熟語を作ることのできる熟語を次から選べ。［3点］

ア 関係 **イ** 完成
ウ 徹底 **エ** 常識

問四 主題 傍線部①とあるが、悪口が「悪い」のはなぜか。次の文の空欄にあてはまる語句を③段落から九字で抜き出せ。［6点］

悪口は人をおとしめたり卑しめたりするうえに、平等なはずの人間関係を壊して□を作り出すから。

問五 主題 傍線部②とあるが、悪口が「時々悪くない」のはどういう場合か。本文中から三十字以内で抜き出せ。［7点］

問六 内容 傍線部③とはどういうことか。説明として最も適当なものを次から選べ。［8点］

ア 差別的な表現というものは、誰が使うかに関わらず差別的なのであって、誰もが等しく使ってはならない言葉なのだということ。
イ 差別的な表現というものは、現代という時代に特有の考え方であって、現代に生きている私たちは否応なくそれに従わなければならないということ。
ウ 差別的な表現というものは、ときに社会の成り立ちや仕組みなどと結びついているのであって、個人の考えで差別的かどうかが変わるものではないということ。
エ 差別的な表現かどうかは発言した人物や状況によって変化するものであって、発信されるまではそれが差別的かどうかは確定しないということ。
オ 差別的な表現かどうかは受け手の判断によるのであり、表現した側の意図は考慮されないので、相手の判断を待つほかないのだということ。

「どうしてあれがよくてこれがダメなのか」
←
●上下関係の有無
※差別的な表現の意味は私たちから独立に存在

▼**1** 空欄①・②にあてはまる語句を本文中から抜き出せ。［3点×2］

▼**2** ◯にあてはまる記号を次から選べ。［4点］
ア ⬅（因果関係）
イ ⬌（対比関係）
ウ ＝（言い換え）

28

語りはじめる植物

藤原新也《ふじわらしんや》

本文は、写真家の筆者がインドネシアのバリ島について述べたものである。

本文を読む前に

知・技	思・判・表	合計
/16	/34	/50

目標解答時間 20分

1 バリ島に限らず、タヒチ、ハワイ、プーケット等々、西洋人のこの種の知られざる辺境を見いだす能力はあなどれない。定住を㋐旨とする農耕民族と千年王国を夢見て旅する移動民族の差とでも言うべきかもしれない。あるいはそれは彼らの祖先の持つ旧来よりの植民地志向というものが彼らのなかに脈々と生きているということであろうか。私のこれまでの経験から言うなら a風光明媚《ふうこうめいび》な辺境には日本人の姿はなくとも必ずと言ってよいほどそのような西洋人の姿がある。①バリ島も半世紀前、あるドイツ人の画家によって〝発見〟された島であった。以降、この島はアジアのなかの一粒のエメラルドのごとき観光地として㋑磨かれ、今日にいたる。

2 六〇年代以降アジアの旅が長い私は、ずっとこの島を訪れることはなかった。その島がそのような bいわくつきの観光地であることを知っていたからである。しかしあるとき、その島に行く機会が訪れた。島の中部の山奥に住む老いた彫刻家に会うためである。知人が㋒ユズり受けたその老人の彫った小さな彫刻を見てぜひ会ってみたいと思ったのだ。

3 そういったきっかけでバリ島に行ったわけだが、私はそのはじめての旅行で②それまで抱いていたバリ島観をくつがえされることとなる。[A]島の南の海沿いに位置するクタやヌサドゥアなどの海浜部、あるいは島中部のウブドゥなどを訪れるとそこは思ったとおりの観光地だった。

4 しかしひとたびそれらの観光地を外れると、観光とは全く無縁な風景や、人々の生活が観光産業の影響をほとんど受けることなくゆったりとマイペースで繰り広げられていた。そしてそこに住まう人々の笑顔も無防備なくらい無垢《むく》だった。私はそのことに大変驚かされる。これほどまで長年にわたって観光地として外から人々を受け入れてきた小さな島でありながら、その風景、あるいは人々は決してそれに染まらず、俗化されない芯のようなものが一本突き通っているのである。

5 おそらくそれにはふたつの理由があるように思える。

23 **二毛作**…同じ耕地で、一年間に二種類の異なる作物を栽培すること。

重要語句

17 無垢　19 俗化　28 卑俗化　44 異彩

本文の展開

【一般論】……　バリ島＝観光地

【実像】……　観光地（海浜部・島中部）⟷ **観光と無縁な風景**（観光地以外）
＝ **観光産業の影響をほとんど受けない生活**

【理由】……
理由① **豊かな自然**　→自立した生活習慣を維持
理由② **宗教**　→生活習慣を主導
＝ 生活を[①　　]させない歯止め

6 ひとつはこの島の自然が豊かであるということ。山と渓谷の多い変化に富んだこの島の気候は温暖で雨量が多い。とりわけ雨季には恵みの雨が大量に降るにもかかわらず余分な雨は深い渓谷に流れ落ち、㋓ハンランすることもない。その結果、この島では二毛作、あるいは三毛作が可能であり、四季を通じていつもどこかで刈り入れが行われる風景に出くわす。およそ観光化した国には農村から都市への人口の流入という現象が見られるのだが、ことバリ島にいたっては、その人の流れがあまり見られない。彼らは観光に媚《こ》びることなく、自立した自らの生活習慣を維持しているのである。

7 ふたつ目にその生活習慣を主導するものとしての宗教（バリ・ヒンドゥ）の役割がある。これが彼らの生活を卑俗化させないもうひとつの歯止めとなっている。

8 そのようなわけで私は③バリのなかのもうひとつのバリを見た思いがあり、そのバリの姿を写真に撮りたいと思うようになった。バリを写真に撮ってみようと思うにいたった直接のきっかけはあるバナナの葉を見たことによる。

9 それはある渓谷の斜面に生えていた野生のバナナの木で、その中心から若葉が天に向かってすっくと伸びていた。

10 私はこれまでさまざまな地方でバナナの木や葉を見てきているが、そのバナナの若葉を見たとき、何か神聖なものを見ているような気分に㋔オソわれた。その汚《けが》れないみずみずしい色。ちょうど蝶がサナギから成虫になった時の羽のような初々しさ。規則正しい葉脈の陰影が、それを見る者の心にもたらす静けさ。それは何かの神格物体のように私の目に映ったのである。

11 私はそのバナナの葉を見たとき、人間にもさまざまな人種があるように、バナナやその他の植物にも、それが同じ種目でありながら、生きる土地や国によって、全く違った様相を示すものであることを知った。そしてそういう視点からのバリ島の写真はいまだ撮られていないことにも気づかされた。バリ島といえば特徴のあるバリの風俗や習俗写真と相場が決まっていて、私自身そのような写真に食傷していたのである。私がバリ島に通いはじめたのは、世界の誰もが目にするきわめて普通の草花を中心とする日常を撮るためだった。しかしそれはその土地にしか表現されないものでもある。

12 ④普通でありながら異彩を放つ。このような存在はなかなかありそうでないものだ。

【まとめ】

バリ島のバナナの葉
↓同じ種類のものでも、場所によって、全く［②　］を示す

＞

私の撮りたいもの
＝
世界の誰もが目にするきわめて普通の草花を中心とする日常
＝
その土地にしか表現されないもの

■1 空欄①・②にあてはまる語句を本文中から抜き出せ。〔3点×2〕

■2 本文を右のように四つの意味段落に区切るとき、適当な分け方を次から選べ。〔4点〕

ア 1／2～4／5～7／8～12
イ 1／2～4／5～11／12
ウ 1～3／4／5～7／8～12
エ 1～3／4／5～11／12

問一 漢字 傍線部㋐～㋔のカタカナを漢字に改め、漢字には読みを示せ。［2点×5］

㋐ 旨とする

㋑ 磨かれ

㋒ ユズり受けた

㋓ ハンラン

㋔ オソわれた

問二 語句 波線部a「風光明媚」b「いわくつき」の意味を次からそれぞれ選べ。［3点×2］

a
ア のどかで風流
イ 爽やかな気候
ウ 素朴で田舎っぽい
エ 自然の景観が美しい

b
ア 古くからの由緒ある
イ 良くない事情がある
ウ たいへん名高い
エ 定番化している

問三 文脈 空欄Aに入る語を次から選べ。［3点］

ア しかも　イ むしろ
ウ なるほど　エ さて

問四 内容 傍線部①とあるが、「あるドイツ人」を筆者はどのような人と捉えているか。三十字以内で説明せよ。［6点］

問五 内容 傍線部②とあるが、筆者はどのような「バリ島観」を抱いていたのか。適当なものを次から選べ。［5点］

ア 観光産業による開発が徹底的に押し進められた、典型的な観光地であるというバリ島観。
イ 西洋人によって発見されたため、日本人には馴染みが薄い観光地であるというバリ島観。
ウ 一部の人々にしか知られていないものの、大変洗練された観光地であるというバリ島観。
エ 観光地化が進む地域と、そうでない地域との間で経済的な格差があるというバリ島観。
オ 観光地でありながら、観光産業に頼らない生活が保たれているというバリ島観。

問六 内容 傍線部③とあるが、「もうひとつのバリ」の特徴について比喩を用いて述べている箇所を、2～7段落から二十字以上二十五字以内で抜き出し、初めと終わりの五字で答えよ。［4点］

～

問七 主題 傍線部④とあるが、どういうことか。適当なものを次から選べ。［6点］

ア あらゆる観光地の中でも、バリ島の観光地としての特徴は際立っているということ。
イ 通俗的に思える果物であるバナナが、他のものが持ち得ない神聖さを持つということ。
ウ 他の地域にも共通する習俗や事物が、風土や文化と結びついた特性を持つということ。
エ ありふれたものであっても、写真家の視点によって特別なものになり得るということ。
オ バリ島は観光産業と伝統的な暮らしを両立させているということ。

29 一瞬の風になれ

佐藤多佳子《さとうたかこ》

俺（神谷）は高校の陸上部で4継（四百メートルリレー）の練習に取り組んでいるが、親友の一ノ瀬連は大会前に肉離れを起こし、練習でも全力走を禁じられていた。

1 「確かに、走れるかもしれない。全力で走って、何ともない可能性もある。だがな、ダメな可能性もあるんだ。ダメな可能性のほうが高いから、医者は無理だと㋐シンダンしてるんだ。俺は何も意地悪してるわけじゃない。俺がおまえを試合に出したくないとでも思うか？　俺が悔しかったり悲しかったりしないとでも思うのか？」

連は返事をせずに黙って先生を見ていた。

先生の目がうるんで見えた。涙をこらえているように見えた。①俺も胸の中に何かがせりあがってきた。

どうしても走りたい連の気持ち。どうしても走ってほしいリレメンの気持ち。どんなに走らせたくても走らせるわけにはいかない先生の気持ち。

2 このかたまりきった場面を救うために、俺は何か言わなきゃと思ったが、干上がったように声も言葉も出てこなかった。

「②先生、すみません。」

謝ったのは、守屋さんの声。守屋さんが連の㋑トナリに来て、連の頭を無理やりぐいと押すようにして、二人で礼をした。

「先生、勘弁してください。言いつけを破ってすみません。無茶してすみません。」

「おまえが謝ることァ……。」

言いかけた先生の言葉を守屋さんは遮った[a]。（ア）

「部長として部員の管理が行き届きませんでした。俺がもっとこいつに言って聞かせないといけませんでした。」

連が何か言いたそうに守屋さんを見たが、構わずに続けた。

▶ 本文を読む前に

7 **リレメン**…リレーメンバー。

14 **言いつけ**…連を全力で走らせないこと。

29 **南関東**…南関東高等学校陸上競技大会のこと。

重要語句

6 目がうるむ

23 唇をかみしめる

25 意固地

知・技	/16
思・判・表	/34
合計	/50

目標解答時間 20分

本文の展開

1 【導入】……

連 南関東に出場したい
リレメン 連に出場してほしい
↔衝突
先生 連の出場を許さない

2 【展開①】……

守屋さん 先生に謝る
→「こいつと走ることをあきらめきれなかったのかもしれません。」

（　　）

「一ノ瀬があきらめてくれるわけがないです。」

連 守屋さんの横顔を見ていた
→あきらめきれない ①［　　　］

［　　　］が、初めて連の顔に

「どこかで俺自身が一ノ瀬に期待していたのかもしれません。こいつと走ることをあきらめきれなかったのかもしれません。俺にそんな気持ちが少しでもあったら、一ノ瀬があきらめてくれるわけがないです。自分勝手でした。もし、こいつに何かあったら……。」

守屋さんは、その先までは言わずに唇をかみしめた。

連は黙って、守屋さんの横顔を見ていた。あきらめきれないb無念そうな表情が、初めて連の顔に表れた。ずっと隠していた表情。心の内を連は決して顔には出さず、意固地に［ A ］㋒逆らい続けていた。一度、悔しさをあからさまに表に出してしまうと、ゆっくりと少しずつ顔つきが変わっていった。連の中で何かがほどけていくようだった。

そうか……。俺はようやく理解した。守屋さんだ。守屋さんのために、連は走りたがっていた。4継という競技の㋓魅力以上に、南関東という舞台の㋔ハナやかさ以上に、連にとって大きなものがあったんだ。

(イ)

3「俺たちに任せてくれ、一ノ瀬。」

守屋さんはきっぱりと言った。

「桃内、神谷、根岸、守屋、みんなで、めいっぱい走るよ。」

めいっぱい走ると大声で誓わないといけないのだが、声が出せなかった。(ウ)根岸も、桃内もかたまったように黙っていた。三輪先生は、口を一文字に引き結んで、何度もまばたきをしていた。

長く重い沈黙のあとで、

「ハイ。」

やっと、連がそう言った。(エ)

その時の連の目や声が、しばらく頭から離れなかった。③悔しさや悲しさをふっと越えたような素直な目と声だった。

表れた

俺 連の気持ちを理解する

→守屋さんのために走りたがっていた

3【展開②】…………

守屋さん「俺たちに任せてくれ、一ノ瀬。」

連「ハイ。」

→ ②［　　　］を

ふっと越えたような素直な目と声

▼**1** 空欄①・②にあてはまる語句を本文中から抜き出せ。［3点×2］

▼**2** ◯にあてはまる記号を次から選べ。［4点］

ア ⬅（因果関係）

イ ⬌（対比関係）

ウ ＝（同義関係）

［　　　］

問一 漢字 傍線部㋐～㋔のカタカナは漢字に改め、漢字は読みを示せ。〔2点×5〕

㋐ **シンダン**

㋑ **トナリ**

㋒ **逆らい**

㋓ **魅力**

㋔ **ハナやか**

問二 語句 波線部a「遮る」b「無念」の意味を次からそれぞれ選べ。〔3点×2〕

a **ア** こだわる **イ** じゃまをする
ウ 見通す **エ** ごまかす

b **ア** 悔しいこと **イ** 何も考えないこと
ウ 格好の悪いこと **エ** 風流でないこと

問三 文脈 空欄Aに入る語句を次から選べ。〔4点〕

ア 堂々と **イ** 苦々しく
ウ 喜々として **エ** 淡々と

問四 文脈 本文中に次の文を補うとすると、適当な場所はどこか。(ア)～(エ)から選べ。〔5点〕

・泣きそうだった。

問五 理由 傍線部①とあるが、俺がそのような気持ちになったのはなぜか。最も適当なものを次から選べ。〔5点〕

ア いつもは気持ちを顔に出さない先生が、自分のつらい気持ちを理解してもらうために連に説明する姿に感動したから。

イ 先生の無理解がリレメンの仲間たちをつらい気持ちにさせていることが耐えがたく思われたから。

ウ 連の走りたい気持ちを理解しながらもそうさせてやれない先生のつらさが強く胸に迫ってくるのを感じたから。

エ 連の将来を心配するあまり、勝負を捨てても連に大事をとらせないわけにはいかない先生の苦しみが理解できたから。

オ 先生のうるんでいるような目を見て、先生が泣きそうになっているのかもしれないと気づき、笑いがこみ上げてきたから。

問六 理由 傍線部②とあるが、守屋さんが先生にこのように言う理由が端的に表現されている一文を本文中から十字以内で抜き出せ。〔5点〕

問七 主題 傍線部③とあるが、連の表情がそのように変化したのはなぜか。次の文の空欄にあてはまる語句を、十五字以内で答えよ。〔5点〕

守屋さんに「俺たちに任せてくれ。」とはっきり言われたことで、守屋さんのために［　　　］から。

30

利他の原則　伊《い》藤《とう》亜《あ》紗《さ》 × 生物の利他的行動　伊《い》勢《せ》武《たけ》史《し》

本文を読む前に

知・技	/13
思・判・表	/37
合計	/50
目標解答時間	20分

【文章Ⅰ】

1 利他的な行動には、本質的に、「これをしてあげたら相手にとって利になるだろう」という、「私の思い」が含まれています。重要なのは、それが「私の思い」でしかないことです。思いは思い込みです。そう願うことは自由ですが、相手が実際に同じように思っているかどうかはわからない。「これをしてあげたら相手にとって利になるだろう」が「これをしてあげるんだから相手は喜ぶはずだ」に変わり、さらには「相手は喜ぶべきだ」になるとき、利他の心は、容易に相手を支配することにつながってしまいます。

2 つまり、利他の大原則は、「自分の行為の結果はコントロールできない」ということなのではないかと思います。やってみて、相手が実際にどう思うかはわからない。わからないけど、それでもやってみる。この不確実性を意識していない利他は、押しつけであり、ひどい場合には暴力になります。

3 「自分の行為の結果はコントロールできない」とは、別の言い方をすれば、「見返りは期待できない」ということです。「自分がこれをしてあげるんだから相手は喜ぶはずだ」という押しつけが始まるとき、人は利他を自己犠牲と捉えており、その見返りを相手に求めていることになります。私たちの中にもつい芽生えてしまいがちな、見返りを求める心。人類学者で禅僧のジョアン・ハリファックスは、［A］ます。「自分自身を、他者を助け問題を解決する㋐キュウサイ者と見なすと、気づかぬうちに権力志向、うぬぼれ、自己㋑トウスイへと傾きかねません」(『Compassion』)。

4 経済学者ジャック・アタリの合理的利他主義や、「情けは人のためならず」の発想は、他人に利することが巡り巡って自分に返ってくると考える点で、他者の支配につながる危険をはらんでいます。ポイントはおそらく、「巡り巡って」というところでしょう。巡り巡っていく過程で、①私の「思い」が「予測できなさ」に吸収されるならば、むしろそれは他者を支配しないための想像力を用意してくれているようにも思います。

5 平時の私たちは、自分の行為の結果は予測できるという前提で生きています。だからこそ「こうだろう」が「こうであるはずだ」に変わりやすい。実際には相手は別のことを思っているかもしれないし、今は相手のためになっていても、十年後、二十年後にはそうではないかもしれない。にもかかわらず、どうしても私たちは「予測できる」という前提で相手と関わってしまいがちです。「思い」が「支配」になりやすいのです。利他的な行動を取るときには、とくにそのことに気をつける必要があります。

6 そのためにできることは、相手の言葉や反応に対して、㋒真摯に耳を傾け、「聞く」こと以外にないでしょう。知ったつもりにならないこと。

自分との違いを意識すること。利他とは、私たちが思うよりも、もっとずっと B なことなのかもしれません。

【文章Ⅱ】

1 利他的な行動は、巡り巡って自分のプラスになるから、進化の過程で獲得され、残ってきた特徴である。その瞬間では自己犠牲、つまり相手の適応度（生存と繁殖の可能性を表す指標）を上げる代償として自分の適応度を下げる行動である。しかし動物には脳があり、物事を記憶する力が備わっている。だから、「相手を助けたことを覚えてもらい、自分が困った時にお返しをしてほしい」という(エ)ダサンがはたらいた結果、利他的な行動を取るのだ。これは結局のところその遺伝子の適応度を上げることに貢献してきたから、②そういう特徴は自然淘汰《とうた》に耐えて残ってきたのであろう。

2 情けは人のためならずとはよく言ったもので、結局は自分に返ってくる。ただし、相手から助けてもらうけど自分からは助けないという利己的なタイプの個体は、仲間外れにされて適応度を下げることになる。結局は自分の利益になるから、戦略的に利他的な行動を取る価値がある。これが戦略的互恵関係だ。もしも、本当の意味で利他的な、見返りを求めない愛を示す生物がいたらどうなるだろう。その愛を受ける生物が繁栄する一方で、愛を与える側の生物はやがて絶滅するだろう。これは、冷徹だが(オ)マギれもない真実である。

3 生物は基本的に C だということは、残念ながら真実である。それがわかったうえで僕らは、環境問題を解決し、生態系を保全しなければならない。③自己犠牲・善意・良心だけに頼った環境保全は成り立たないことを、僕らは理解しなければならない。生物の世界で戦略的互恵関係が成り立つように、人間も合理的な理由があれば利他的に、他人のために行動することが可能だ。このような性《さが》を活《い》かすことが、環境問題の解決に求められていると思う。

【文章Ⅰ】 13 **合理的利他主義**…他者を利することが、結果として自分を利することになるという、自己の利益を動機とした利他主義。

【文章Ⅱ】 4 **自然淘汰**…生存や繁殖に有利な遺伝的形質を持つものが子を残しやすく、不利な形質を持つものは子を残しにくいこと。

重要語句

【文章Ⅰ】 9 自己犠牲

【文章Ⅱ】 2 代償　8 互恵

問一 **漢字** 傍線部㋐〜㋔のカタカナを漢字に改め、漢字には読みを示せ。［2点×5］

㋐　㋑　㋒　㋓　㋔

問二 **語句** 空欄Aには「将来の危険をいましめる」という意味の語句が入る。適当なものを次から選べ。［3点］

ア 機先を制し　**イ** 一石を投じ　**ウ** 警鐘を鳴らし　**エ** 檄《げき》を飛ばし

問三 **文脈** 空欄B・Cに入る語を次からそれぞれ選べ。［2点×2］

B **ア** 意外　**イ** 高尚　**ウ** 能動的　**エ** 受け身

C **ア** 善良　**イ** 冷徹　**ウ** 利己的　**エ** 利他的

B　C

問四 **内容** 傍線部①とはどういうことか。解答欄に合う形で、**【文章Ⅰ】**の語句を用いて十五字程度で答えよ。［6点］

ことを納得すること。

問五 傍線部②について、次の問いに答えよ。

(1) **指示** 「そういう特徴」とは何をさすか。**【文章Ⅱ】**から五字程度で抜き出せ。［3点］

(2) **内容** 「そういう特徴」によって成立する関係とは何か。**【文章Ⅱ】**から五字程度で抜き出せ。［4点］

問六 **理由** 傍線部③のように言えるのはなぜか。その理由がわかる連続した二文を**【文章Ⅱ】**から抜き出し、初めと終わりの五字で答えよ（句読点を含む）。［5点］

〜

問七 **内容** **【文章Ⅰ】**・**【文章Ⅱ】**に述べられている「情けは人のためならず」の発想の違いについて整理した次のノートの空欄a・bにあてはまる語句を、本文中からそれぞれ五字で抜き出せ。［4点×2］

> **【文章Ⅰ】**…「情けは人のためならず」の発想は　a　につながり得る
> **【文章Ⅱ】**…「情けは人のためならず」の発想通り、利他的な行動は結局　b　になる

a　b

問八 **主題** 利他的な行動への見返りについて、**【文章Ⅰ】**と**【文章Ⅱ】**はそれぞれどのように考えているか。解答欄に合うように、「文章Ⅰは〜、文章Ⅱは〜」という形で四十字以内で説明せよ。［7点］

利他的な行動の中に「見返りを求める心」が存在することについて、

■■■ 技能別採点シート ■■■

	知識・技能		思考力・判断力・表現力							合計
	漢字	語句	指示	理由	文脈	内容	表現	主題	本文の展開	
1	/10	/6				/12		/12	/10	/50
2	/10	/6		/8	/4	/6		/6	/10	/50
3	/10	/4		/8	/3	/9		/6	/10	/50
4	/10	/6				/14	/5	/5	/10	/50
5	/10	/7		/7		/8		/8	/10	/50
6	/10	/4		/6		/10		/10	/10	/50
7	/10	/4	/5	/6	/10			/5	/10	/50
8	/10	/6				/15	/4	/5	/10	/50
9	/10	/6				/19		/5	/10	/50
10	/10	/4		/10	/4	/6		/6	/10	/50
11	/10	/4		/6	/4	/9		/7	/10	/50
12	/10	/4	/4	/5		/11		/6	/10	/50
13	/10	/4	/5		/4	/11		/6	/10	/50
14	/10	/6			/4	/13		/7	/10	/50
15	/10	/4			/4	/15		/7	/10	/50
16	/10	/4		/7	/8	/5		/6	/10	/50
17	/10	/6		/13		/11			/10	/50
18	/10	/3		/18	/9	/10				/50
19	/10	/4		/7	/5	/7		/7	/10	/50
20	/10	/3			/13	/14		/10		/50
21	/10	/4	/6	/14				/6	/10	/50
22	/10	/3			/3	/17		/7	/10	/50
23	/10	/6		/5	/4	/15			/10	/50
24	/10	/4	/5		/4	/10		/7	/10	/50
25	/10	/4		/5	/4	/9		/8	/10	/50
26	/10	/3		/6		/14		/7	/10	/50
27	/10	/9				/8		/13	/10	/50
28	/10	/6			/3	/15		/6	/10	/50
29	/10	/6		/10	/9			/5	/10	/50
30	/10	/3	/3	/5	/4	/18		/7		/50

設問の種類と対策のしかた

前ページで集計した点数を分析して、弱点となっている設問形式があればその内容を確認し、意識的に対策に取り組もう。

漢字 の設問

漢字の読み、書きを問う。

漢字の読みは読む文章の量、書きは実際に手を動かして書いた量がものをいう。間違えた問題は解答をよく見て、繰り返し書いて覚えてしまおう。

語句 の設問

慣用句・ことわざ・四字熟語を含むことばの意味や類義語、対義語などを問う。

ことばの意味を曖昧にしておかないようにしよう。解答解説編の重要語句や別冊ワークノートのプラス語彙が役立つ。

表現・表現 の設問

修辞法の効果や、本文全体の表現上の特徴を問う。

文章によって問われる内容にかなりの差がある。問題ごとに解答解説編の説明をしっかりと確認しよう。

指示 の設問

指示語のさす内容を問う。

指示語は一語のみをさす場合も複数の文をさす場合もある。別冊ワークノートの論理のワークなどを活用し、意味のまとまりを判断する力を養おう。

理由 の設問

主張の根拠、物事の因果関係・心情の理由等を問う。

別冊ワークノートを活用したり、「本文の展開」と本文を照らし合わせたりして、理由の述べ方のパターンをつかもう。

内容 の設問

文や語句の言い換え、その文章特有の用語の意味・内容を問う。

別冊ワークノートの要約トレーニングや論理のワークを活用し、類比や同内容の言い換えを見つける目を養おう。

文脈 の設問

文と文の間の意味のつながり、複数の文の関係から読み取れる意味を問う。

接続語や類比、対比の関係などが手がかりになる。別冊ワークノートの論理のワークで論理展開の基本を確認しよう。

主題 の設問

筆者がその文章でもっとも言いたいことを問う。

「本文の展開」や要約トレーニングに取り組み、問題提起との対応など、内容の重要度を判断するポイントをつかもう。

本文の展開 の設問

各段落の役割や段落どうしの論理的な関係を問う。

「本文の展開」の解説、別冊ワークの論理の実践問題、要約トレーニングを活用し、文章の構成への理解を深めよう。

訂正情報配信サイト
利用に際しては、一般に、通信料が発生します。

https://dg-w.jp/f/ca07b

ニューフェイズ　現代文１

2024年１月10日　初版第１刷発行
2025年１月10日　初版第２刷発行

編　者　第一学習社編集部
発行者　松　本　　洋　介
発行所　株式会社　第一学習社

広　島：〒733-8521　広島市西区横川新町７番14号　☎082-234-6800
東　京：〒113-0021　東京都文京区本駒込５丁目16番７号　☎03-5834-2530
大　阪：〒564-0052　吹田市広芝町８番24号　☎06-6380-1391
札　幌：☎011-811-1848　仙　台：☎022-271-5313　新　潟：☎025-290-6077
つくば：☎029-853-1080　横　浜：☎045-953-6191　名古屋：☎052-769-1339
神　戸：☎078-937-0255　広　島：☎082-222-8565　福　岡：☎092-771-1651

落丁・乱丁本はおとりかえします。
解答は個人のお求めには応じられません。

ホームページ　https://www.daiichi-g.co.jp/

小説の読み方

●小説というもの

言葉によって創造された虚構（フィクション）の世界、それが小説だ。そこには現実とは異なる、いわば嘘の世界が描かれるわけだが、もちろん現実から大きくかけ離れた世界ばかりが描かれるわけではない。虚構の世界を現実以上に現実らしく感じさせること、すなわち実在感（リアリティ）をより感じさせることが、優れた小説の条件とも言える。**現実の社会や人生のさまざまな側面を捉え、虚構の世界ではあるが、その中で社会の真の姿や人間の性格や心理を追究し、描いていこうとする文学の一形式、**それが小説なのだ。

問題文として小説を読むために

現代文の問題として小説を読むには、次のような注意が必要だ。

❶ 基本的な要素を押さえて、場面を整理する。

人物……どういう人物が登場するか。人物どうしの関係はどうか。
情景……場所はどこなのか。いつの時代（季節・時間帯）なのか。
出来事…どのような出来事が起こるのか。
まずはそれぞれの要素を確認して、どんな場面なのかを捉えよう。

❷ 場面の展開をつかむ。

- ●登場人物が増えたり減ったりしていないか、注意する。
- ●情景の変化を押さえ、登場人物の心情と情景の関連を考える。
- ●登場人物の行動や会話を押さえ、心情の変化と原因を捉える。

話の流れだけでなく、情景や心情の変化と原因、関連を捉える。

❸ 小説の表現の特徴をつかむ。

小説は、評論とは異なり、表現に次のような特徴がある。

- ●**会話に、登場人物の心情が、具体的に生き生きと描かれている。**
- ●**登場人物（または作者）の目を通して、心情や情景が描かれている。**
- ●**作者によって登場人物や出来事が紹介されたり、さらにはそれらに関しての印象や批評が描かれている。**

これらは無意識に読み取っていることが多いのだが、問題文として小説を読む場合は、しっかりと意識して読んでいくことが重要だ。

❹ 主題を捉える。

小説の中で作者が訴える中心となる考えが、**主題**。出題された場面の中から主題を、すなわちその場面で作者が最も言いたい重要なことを読み取って明らかにしていくことが、問題文として小説を読むうえで大切だ。そのための注意点は次のとおり。

- ●**登場人物の行動や心情の変化に注意して、話の展開を押さえる。**
- ●**話の展開の中で、山場となる部分（クライマックス）、作者がとくに力を入れて書いていると思われる部分を見抜く。**

また、関連して、次の点にも注意しよう。

- ●**登場人物の言葉によって、主題が語られることもある。**
- ●**主題は、心情や行動、会話、場合によっては題名に暗示されることもある。**
- ●**主題には、作者の生き方や人生観が反映されていることが多い。**